# 벨 훅스 같이 읽기

# 벨 훅스 같이 읽기

벨 훅스의 지적 여정을 소개하는 일곱 편의 독서 기록

초판 1쇄 펴낸날 2024년 1월 17일

기획 페페연구소
지은이 김동진 김미소 김은지 레일라 오혜민 장재영 조은
펴낸이 이건복
펴낸곳 도서출판 동녘

책임편집 홍주은
편집 구형민 이지원 김혜윤
디자인 김태호
마케팅 임세현
관리 서숙희 이주원

등록 제311-1980-01호 1980년 3월 25일
주소 (10881) 경기도 파주시 회동길 77-26
전화 영업 031-955-3000 편집 031-955-3005 전송 031-955-3009
홈페이지 www.dongnyok.com 전자우편 editor@dongnyok.com
페이스북·인스타그램 @dongnyokpub
인쇄 영신사 라미네이팅 북웨어 종이 한서지업사

ISBN 978-89-7297-114-6 (03330)

# 벨 훅스 같이 읽기

hooks Teaching to Transgress

ain't i a woman
bell hooks

Feminism is for EVERYBODY
bell hooks

hooks where we stand: CLASS MATTERS
bell hooks

bell hooks all about love

hooks Teaching Community

BONE BLACK
bell hooks

페페연구소
기획

김동진
김미소
김은지
레일라
오혜민
장재영
조은
지음

벨 훅스의 지적 여정을 소개하는
일곱 편의 독서 기록

동녘

**일러두기**

본문에서 인용한 벨 훅스의 책은 아래의 판본을 기준으로 했다.

· 벨 훅스, 노지양 옮김, 《난 여자가 아닙니까?》, 동녘, 2023.

· 벨 훅스, 윤은진 옮김, 《벨 훅스, 경계 넘기를 가르치기》, 모티브북, 2008.

· 벨 훅스, 이경아 옮김, 《당신의 자리는 어디입니까》, 문학동네, 2023.

· 벨 훅스, 이경아 옮김, 《모두를 위한 페미니즘》, 문학동네, 2017.

· 벨 훅스, 이영기 옮김, 《올 어바웃 러브》, 책읽는수요일, 2012.

· 벨 훅스, 김동진 옮김, 《벨 훅스, 당신과 나의 공동체》, 학이시습, 2022.

· bell hooks, *Bone Black: Memories of Girlhood*, Holt Paperbacks, 1996.

들어가며
# 지금 벨 훅스를 같이 읽어야 하는 이유

페미니즘에 대한 백래시는 늘 있어왔지만 최근 들어 더욱 심해지는 것 같다. 혹자는 2016년 강남역 여성혐오 살인사건 이후 불타올랐던 페미니즘의 화력이 줄었다거나 유행이 지나갔다고 한다. 그러나 '유행'이 지났다고 해서 페미니즘이 필요 없어진 것도, 페미니즘을 하는 사람들이 없어진 것도 아니다. 페미니즘 그리고 페미니스트는 그것이 유행이 아닐 때부터 지금까지 쭉 우리 곁에, 이 사회에, 전 세계에 존재해왔다.

하지만 성차별주의를 없애는 방향으로 나아가기 위해 일상에서 이런저런 노력을 할 때 우리는 자칫 스스로가 고립되어 있다고 느끼기 쉽다. 그럴 때 내가 했던 것은 책 읽기였다. 여성학자 사라 아메드가 '읽기 역시 동료애'라고 했던 것처럼, 동료가 없던 내가 읽은 숱한 페미니즘 책들은 나의 동료이자 길잡이가 되어주었다. 벨 훅스는 그런 때 만난 페미니스트 중 한 명이고, 내 삶에 중요한 의미를 지닌 페미니스트로 지금까지 자리하고 있다. 그리고 벨 훅스의 영향력은 나에게뿐 아니라 전 세계 많은 사람들에게 퍼져 있다.

본명이 글로리아 진 왓킨스Gloria Jean Watkins인 벨 훅스는 미국의 페미니스트 학자이자 실천가다. 그의 필명 벨 훅스bell hooks는 어머니와 외할머니의 이름에서 따온 것이다. 자신의 글을 읽는 독자들이 자신이라는 사람이 아니라 그 글의 내용에 집중해서 읽기를 바랐기에, 자기 자신보다 글을 더 드러내기 위해 그는 이름을 소문자로만 썼다. 사소해 보이는 실천이지만 권위주의적인 학계에 대한 도전장이기도 했으므로 이 실천을 하는 데에는 적지 않은 용기가 필요했으리라 생각된다.

켄터키의 시골 마을인 홉킨스빌 출신으로 스탠포드대학에서 공부한 그는 대학에서 마주한 인종차별, 계급차별, 성차별의 교차점에 주목했다. '너는 소수인종 입학 할당제로 우리 대학에 들어왔구나' 하는 시선, 혹은 '네 글은 누가 대신 써줬니?' 하는 말들, 같이 페미니즘을 말하다가도 인종이나 계급 문제가 나오면 문제를 외면하는 캠퍼스의 백인 중산층 페미니스트들. 흑인이자 여성이자 노동계급 출신으로서 자신의 역량과 존재 자체를 의심하게 만드는 이러한 가혹한 환경 속에서 살아야 했지만 그는 굴하지 않았고, 글을 썼다. 여러 억압이 교차하는 한가운데에서 썼던 그의 글은 당시 너무도 급진적이라는 이유로 출간되지 못하다가 한참 후에 출간되었고, 그렇게 나온 《난 여자가 아닙니까?》를 시작으로 벨 훅스는 미국뿐 아니라 전 세계적으로 영향력을 미치는 페미니스트 저술가가 되었다.

전공은 영문학이지만 그는 인종, 페미니즘, 계급 등의 주제를 광범위하게 다뤘다. 문화와 미디어 비평 등도 썼지만 '제국주의적 백인우월주의적 자본주의적 가부장제'라는 용어를 만들었을 만큼 사회 비판적인 글을 대다수 썼다. 또한 페미니즘이 현학적인 울타리를 넘어 모든 대중에게 가닿을 수 있어야 한다고, 가가호호 다니며 페미니즘을 전파해야 한다고 주장한 그는 평생 동안 그야말로 대중에게 다가가기 쉬운 페미니즘 책을 다수 저술했다. 또한 '교육'과 '사랑'을 주제로 각각 3부작 시리즈를 내기도 했다. 국내에서 벨 훅스는 《모두를 위한 페미니즘》으로 독자들에게 널리 소개되었고 이후 그의 상당히 많은 책들이 국내서로 출간되었다.

그의 글을 읽다 보면 공통적으로 느낄 수 있는 것은 '희망'이다. 여성으로 사는 것이 너무도 힘들고, 사회는 더욱 차별과 혐오의 방향으로 가는 것 같아 낙담할 때도, 그럼에도 포기하지 말자고 말을 건네는 벨 훅스의 문장들을 읽으면 책을 덮을 때쯤 다시 희망을 바라볼 수 있게 된다.

한편 벨 훅스는 페미니스트 페다고지, 즉 페미니즘 교육 분야에서도 대중에게 다가가는 저술을 통해 자신의 철학을 알렸다. 그의 '교육' 3부작 시리즈(《벨 훅스, 경계 넘기를 가르치기》,《벨 훅스, 당신과 나의 공동체》,《비판적 사고 가르치기》)에는 강의실의 구습을 비판하고 새로운 교육 장면을 만들어가며 교육과 공동체를 연결하는 내용이 담겨 있다.

그래서인지, '페페연구소'에서 열었던 페미니스트 페다고지 영어 책 및 논문 읽기 모임인 '페페스터디'에는 나처럼 벨 훅스의 영향을 받은 사람들이 많았다. 모두가 그런 것은 아니었지만, 우리의 교육 실천 이야기 중에는 벨 훅스의 이름이 중요하게 언급되었다. 나 역시 벨 훅스 책을 읽은 이후 내가 하는 강의에서 페미니즘 교육을 실천하려고 노력하면서 벨 훅스의 말들을 매번 마음에 새기지 않았던가. 각자의 자리에서 페미니즘 교육을 고민하면서 연결되지 못하던 사람들과 '페페스터디'를 통해 연결된 것이 너무도 반가웠다.

그래서 시작한 벨 훅스 독서 모임은 벨 훅스를 보다 입체적으로 이해할 수 있는 시간이었다. 모임의 멤버들은 벨 훅스의 책을 한 권씩 골라 그 회차의 진행자로서 독서 모임을 이끌었다. 오래전에 쓰인 그의 문장들은 지금 이 시대를 살아가는 여성인 우리들의 경험 속에서 되살아났고, 서로 다른 삶의 배경을 지닌 일곱 명의 각기 다른 관점은 벨 훅스의 글을 다양한 시각에서 볼 수 있게 안내해 주는 서로의 등불이었다. 다양한 내용과 방식으로 말을 거는 벨 훅스의 책들을 읽고 그가 주는 메시지에 대해 생각하는 일은, 각자의 자리에서 혹은 연대하여 우리가 무엇을 어떻게 실천하며 살아야 할까에 대한 고민과 질문으로 계속 이어졌다. 이 책은 아마도 그런 고민과 질문을 탐구하는 과정에 관한 이야기다.

1장, 오혜민은 《난 여자가 아닙니까?》를 골랐다. 그는 그동안 읽었던 책에서 일반적이고 포용적이고 듣기 좋은 말만 하고 있다고 느꼈던 벨 훅스에게도 이렇게 날이 선 비판을 하며 날카로운 관점을 드러내던 시절이 있었다는 걸 알게 되어 벨 훅스의 다른 문장들도 더 잘 이해하게 되었다고 말한다. 그러면서 독일 유학 시절에 경험한, 인종과 성이 교차하는 차별의 지점을 벨 훅스와의 가상의 대화로 이어가며 말한다.

2장, 김미소가 고른 책은 《벨 훅스, 경계 넘기를 가르치기》다. 응용언어학을 전공하고 일본의 대학에서 영어를 가르치는 그는 벨 훅스가 언어에 관해 말한 부분에 집중한다. 그는 표준영어를 사용하면서도 그것을 사용하는 사람들의 세계에 균열을 낸 벨 훅스에게서 희망을 발견하고, 여러 언어를 오가며 사는 삶에서의 불안과 균열을 '내 앞을 걸어간 여성들의 유쾌한 배신을 이어달릴 용기'로 바꾸어간다.

3장, 김은지가 고른 책은 《당신의 자리는 어디입니까》다. 이 책 구판의 제목이 '계급에 대해 말하지 않기'였던 것처럼, 이 책으로 독서 모임을 하면서도 자유로이 말하지 못한 순간들에 대해 그는 모임이 끝난 이후에도 끊임없이 성찰한다. 그리고는 계급에 대해 말할 때 느끼게 되는 학습된 수치심이 있음을 그저 인정하고, 이 책에서 벨 훅스가 던지는 메시지에 주목하자고 말한다. 벨 훅스의 '쪽지'를 건네받은 자로서, 누구의 곁에서 어떤 방법과 태도로 연대할지를 고민하며 우리에게도 벨 훅스의 질문을 이어 던진다.

4장, 조은은 《모두를 위한 페미니즘》을 골랐다. 그는 언어교육을 공부하는 자신의 관점에서, 어려워서 똑똑해 보이는 페미니즘과 모두를 위한 쉬운 페미니즘 사이를 오간 경험을 말한다. 모두에게 맞는 척하지만 실제로 아무에게도 맞지 않는 프리사이즈의 옷 같다고 생각했던 이 책으로 하는 독서 모임을 통해, 벨 훅스와 자신을 구분하고 '너'와 '나'를 구분했던 경계 짓기에 대해 다시 생각한다. 나를 위한 옷이라고 생각해 입고 있었던 페미니즘의 '백색 보편성'에서 나오며 '모두'라는 레이블의 의미를 재발견한다.

5장, 레일라가 고른 책은 《올 어바웃 러브》다. 사랑을 갈망하고 찾아 헤매던 어느 날, 프랑스 파리의 작은 도서관에서 만났던 책을 시작으로 사랑에 관해 알아가기를 멈추지 않았던 경험을 이야기한다. 로맨틱한 관계에 대한 환상에 물들어 정작 내가 원하는 사랑이란 어떤 형태인지, 그 사랑을 이루기 위해 무엇이 필요한지에 대해서는 진지하게 생각하지 않은 채 흘러가는 관계에 대해 벨 훅스의 언어를 빌려 성찰한다.

6장, 장재영은 《벨 훅스, 당신과 나의 공동체》를 골랐다. 초등교사인 그는 한 교사의 자살과 함께 유독 힘들었던 최근 교사들의 상황을 이야기한다. 그리고 희망이 없어 보이는 이 시대, 각자 다른 위치에 있지만 '촘촘하고도 교묘한 여성혐오가 배어 있는 사회문화' 속에서 희망을 말하고 있는 이 책을 집어 든다. 자신의 교육 실천을 돌아보며 결국 벨 훅스가 했던 것처럼 지배적인 구조와 문화에 도전하는 교육을 계속해서 추구할 힘을 얻는다.

7장, 김동진은 국내에 출간되지 않은 《본 블랙Bone Black》을 골랐다. 벨 훅스 자신의 어린 시절 이야기를 쓴 이 책을 팬심으로 고른 그는 책 속의 이야기에서 누구나 자기 이야기를 발견할 수 있다는 걸 깨닫고 자신의 이야기를 함께 말한다. 이 책의 제목인 '본 블랙'의 비유적 의미에 대해 곱씹어보며, 내가 속한 이 세계에서 나의 자리를 발견하는 일에 관해 질문을 던진다.

페미니스트로 사는 일은 굴곡이 있는 길을 걸어가는 것과 같다. 볕이 잘 들고 길이 평탄해서 기쁘고 행복하게 걸을 수 있는 날도 있지만, 폭풍우가 몰아치고 길은 울퉁불퉁해서 힘들고 지치는 날도 있다. 하지만 그렇다고 그 길을 그만 걸을 것이 아니라면, 출발 이전으로 돌아갈 것이 아니라면, 우리에게는 힘을 얻을 수 있는 베이스캠프가 필요하다.

벨 훅스의 책은 바로 그런 베이스캠프와 같다. 걷다 지칠 때 그곳에 가면 물도 있고 기운 나는 음식도, 따뜻한 잠자리도 있고, 무엇보다 힘내라고 말하며 같이 걸어가주는 동료가 있는 곳. '벨 훅스가 쓴 문장의 마침표들이 나에게 하는 부탁으로 읽힌다'면, 당신 역시 우리와 함께 걷고 있는 것이다. 벨 훅스는 이 세상에 없지만, 지금 그의 책을 읽으며 함께 말하는 우리의 이야기 속에서 그의 말들은 반짝이며 되살아난다. 이 책을 집어 든 당신에게, 우리와 같이 벨 훅스의 문장들 속에서 이 길을 계속 걸어 갈 희망을 발견해보자고 말을 건네고 싶다.

　이 책이 나오기까지 온 과정을 정성으로 돌보아주신 분들께 감사드린다. 우리에게 있어서 벨 훅스의 중요성을 파악하고 책 출간을 제안해주신 구형민 부장님, 때로 저자보다도 더 깊은 성찰에서 나온 진심 어린 피드백으로 이 책을 더욱 완성도 있게 만들어주신 홍주은 편집자 님께 감사드린다.

　이제, 벨 훅스와 함께 걸은 우리 삶의 기록 속으로 당신을 초대한다.

2024년 1월
저자들을 대표하여
김동진

# 차례

《난 여자가 아닙니까?》
*Ain't I a Woman: Black Woman and Feminism* (1981)

# 가모장의 '탈조' 일기

오혜민

"긍정적인 사회적 평등으로서의 자유(여기서 말하는
자유는 내가 하고 싶은 대로 한다는 의미의 김빠진 자유가 아니다)는
모든 인간에게 가장 건강하고 가장 생산적인 방식으로
자신들의 운명을 개척할 기회를 부여하는 것으로,
이는 우리의 세상이 인종차별적이거나 성차별적이
아닐 때만 완전한 현실이 될 수 있다."

—《난 여자가 아닙니까?》, p.198

책 소개

1981년 출판, 2023년 한국어로 번역된 벨 훅스의 첫 번째 논픽션 《난 여자가 아닙니까?》는 흑인 여성이 성차별의 희생자가 아니며 여성해방은 불필요하다는 안티 페미니스트에 반박하기 위해 시작되었다. 벨 훅스는 페미니스트의 관점에서 인종차별과 성차별 모두를 탐색해야만 흑인 여성의 경험과 사회와의 관계를 이해할 수 있다고 설명한다. 인종, 계급, 젠더, 섹슈얼리티의 나열이 정체성의 지침처럼 제시되는 논의 안에서, 그는 인종과 젠더의 얽힘이 정체성을 구성하는 필수 요소이기에 둘을 분리하는 것이 진실을 부정하는 것임을 강조한다. 그런 그가 페미니즘의 궁극적 목표를 '모든 인간의 해방'으로 제시한다. 혹시 그 '모두'가 추상적 '모두' 혹은 '우리'로의 단순한 회귀로 그칠까 봐 맥이 풀린다면 책을 찬찬히 넘겨보자. 늘 갈등하면서도 간절하게 이해하고 싶었던 현실이 날카롭게 펼쳐진다. 그리고 자율적 선택이라고 생각했지만

'선택'이 아니었던 나의 현실, '선택의 결과에 따른 책임'
이라며 손쉽게 판단해왔던 타인의 현실이 복잡하게 얽히
고 상대 개인만을 겨냥했던 시선은 '모두 함께' 직시해야
할 사회구조를 향한다.

벨 훅스는 먼저 노예제 시대 흑인 여성에게 자행된 학대
와 성폭력을 다루며 그것이 복종과 노동력 재생산자의 역
할을 학습시키는 수단이었음을 밝힌다. 19세기에 등장한
'진정한 여성성의 신화'는 노동하는 여성은 존중할 필요
없는 천한 여성이라는 개념을 전파했고, 백인 남성 노예주
와 노예 감독관은 드레스, 리본, 양산 등 '여성성'을 강조한
사소한 물건으로 흑인 여성을 쉽게 매수할 수 있다는 사실
을 알아차렸다. 흑인 여성은 성평등을 지지하는 대신, 자
신이 '여자'로 여겨지지 않기에 백인 여성에게 주어진 배
려와 특권을 누릴 수 없다는 점에 더 분노하고 실망했다.
그 때문에 자유 신분이 된 뒤 '숙녀답지 않은' 야외 노동을
그만두었고, 가부장제적 여성의 역할을 수용함으로써 억
압적인 성차별 질서를 포용하고 옹호했다. 여성에게 자행
된 범죄의 공범자이자 희생자가 된 것이다.

이후 이 책은 흑인 여성에게 덧씌워진 사회문화적 고정
관념을 다룬다. 노예제를 통해 누적된 부정적인 고정관념
대신 '여자다운 여자의 신화'에 부합하고자 많은 흑인 여

성은 넘치는 사랑을 주는 헌신적 어머니로서 가치와 존재감을 증명하려 애썼다. 그런 그들에게 또다시 '제미마 아줌마', '사파이어', '아마존', '가모장' 등의 별명이 붙었다. 제미마 아줌마는 식민지 지배자가 흑인 여성에게서 착취하고 싶어 하는 특징만을 완벽하게 구현한 이미지다. 고난을 참고 늘 너그럽고 헌신적인 이 흑인 유모의 이미지는 체제에 완전히 부합하기 때문에 백인 가부장제에 아무 위협이 되지 않았다. 이와 정확히 반대되는 이미지인 사파이어는 악랄하고 위험하며 고집 세고 혐오스러운, 즉 유모 캐릭터가 아닌 모든 것이다. 이 이미지는 흑인 여성의 선천적인 사악함을 강조하며 그들에 대한 백인 남성의 인격 말살과 성 착취를 정당화했다. 또한 그들의 짝이 될 흑인 남성을 향한 동정심을 강화하고 백인 여성의 순수함과 순결함을 강조하는 장치로도 활용되었다. 많은 흑인 여성은 심술궂은 사파이어로 비치지 않기 위해 자신의 감정을 억눌렀다. 나약해 보이면 바로 착취당하는 곳에서 살아남기 위해 사파이어 정체성을 수용한 흑인 여성도 있었다. 긍정적인 자아상을 만들기 어렵거나 불가능한 현실에서 고정관념을 오히려 롤 모델로 삼은 것이다.

벨 훅스는 흑인 여성의 이러한 현실은 인종차별과 성차별 중 하나의 축만으로는 이해되지도 해소되지도 못한다고 재차 강조한다. 인종차별로 분열된 흑인 남성과 백인 남성은 성차별로 하나가 됐다. 흑인 남성은 백인 남성과의 경쟁에서 '남자다움'을 인정받기 위해 여성을 소유물의 위치로 강등했다. 이처럼 인종주의를 통해 삶에 스며든 폭력과 증오가 여성의 예속을 이어가는 한, 억압받는 자뿐만 아니라 억압하는 자에도 사회적 평등이라는 자유는 찾아올 수 없었다.

약자를 타자화하는 성차별적, 인종차별적, 계급주의적 사회화 교육 역시 페미니즘이 구조적 변화를 일으키는 걸 가로막았다. 백인 여성보다 흑인 남성에게 선거권이 먼저 부여됐을 때 백인 여성 참정권 운동가들은 보편적 투표권을 주장하는 대신 흑인 남성에게 부여된 특권을 자신들은 받지 못한 것이 백인 여성에 대한 모욕임을 성토했다. 흑인 여성 활동가 소저너 트루스의 강연을 거부하고, 인종에 따른 임금과 업무의 차이, 화장실과 휴게실의 분리를 요청한 백인 여성도 상당수였다. '일이 여성해방의 힘'이라고 주장하고, 중산층 '전업주부'를 성차별의 피해자로 묘사하는 과정에서도 백인 여성해방론자들의 인종주의와 계급주의가 극명하게 드러났다. 벨 훅스는 가장 착취당한 이에게 일은 '해방의 힘'이 아닌, '지루하고 답답하고 짜증 나고 외로운' 것이었음을 모르는지 되묻는다. 그리고 공통의 억압과 자매애를 강조한 백인 여성 페미니스트들이 여성 전체가 같은 계급을 공유하지 않는다는 사실, 미국에서 백인 여성의 계급이 흑인 남성이나 흑인 여성의 계급과 단 한 번도 같지 않았다는 사실을 보지 못한다고 일갈한다.

마지막으로 그는 여성운동사에서 간과되고 배제된 흑인 여성의 발자취를 살피며 주요 의제와 장벽, 모순을 짚는다. 백인 여성운동의 인종차별을 가장 먼저 지적한 페미니즘 비판자들이 백인 남성이었다는 것, '우리는 이미 자유롭고 해방되었다'고 믿던 흑인 여성이 성차별을 수용하고 가부장제에 만족하는 이들이었다는 점, 페미니즘을 자기 욕망의 장으로만 삼는 위선적 사례도 두루 지적된다. 다양하고 복잡한 여성들의 경험이 무시되는 상황이 반복해서 그를 지치게 만드는 가운데, 그는 다시 '페미니즘'을 강조한다. 모든 사람이 성역할, 지배와 억압에서 해방되기를 바라는 것이 페미니스트 되기의 진정한 의미라는 말과 함께.

나에게 벨 훅스는, 그의 부드러운 표현에서 느껴지는 낯간지러움을 못 견뎌 더 날카로운 말을 찾아 멀어진 나를 매번 돌아오게 하는 참 이상한 사람이었다. 낯간지러운 말에 굵직한 뭔가가 있다는 느낌 때문이었고, 나에게도 종종 그런 낯간지러움이 필요한 순간이 오기 때문이었다. 그의 출발점인 이 책에서 그의 날카로운 현실 분석과 통찰을 뒤늦게 만나고서야, 부드러운 말을 꺼내는 경지에 이르기까지 그가 얼마나 분투했는지 비로소 이해했다. 나도, 독서 모임 멤버들도 이 책을 읽는 내내 끊임없이 노력하며 자신을 증명해도 예상치 못한 또 다른 모습의 좌절에 부딪힐 수밖에 없는 소수자로서의 경험을 떠올렸다는 얘기를 나눴다. '센 언니', '강인한 흑인 여성' 등 소수자를 칭찬하는 것처럼 보이는 표현 역시도 모범적 소수자의 이미지를 강화하는 프로파간다의 도구가 되기도 한다는 사실, 그래서 최선의 선택이라고 생각했던 그 모든 선택이 결국 최선이 될 수 없었다는 이야기도 등장했다. 그제야 벨 훅스가 그 부드러운 말로 누구에게 말을 건네고자 했는지, 그리고 내가 어떻게 매번 그의 책으로 다시 돌아갈 수 있었는지도 비로소 깨달았다. 현실에 단단히 발을 딛은 채 따스함을 전달하는 그의 첫 이야기는 흑인 여성이 쓴 '흑인 여성'의 이야기인 동시에, '흑인', '여성'의 이야기로만 머무르지 않았다. 날카롭고 따스하며, 이상을 그리지만 또한 매우 현실적인 페미니즘을 지향하는 나에게 그는 매번 지쳐도 다시 돌아가게 하는 그곳, 페미니즘 그 자체였다.

누군가는 이를 '탈조'라고 얘기하고, 점잖게는 '유학'으로 부를 수도 있겠지만, 당시 그건 나에게 망명이었다. 한국 땅에서 긴긴 시간 겪어온 여성에 대한 폭력과 차별의 문제를 문제라고 말하고 나면, 결과는 언제나 초라했다. 문제 해결을 위해 지식을 채워 넣고, 주변 사람들을 만들고, 적극적으로 나서도 결과는 크게 다르지 않았다. 폭력과 위험에 대응하기 위해 존재하는 공식 절차는 거의 작동하지 않았다. 거듭된 위협을 근거로 신변 보호 요청을 하고 나면 '사건이 발생한 뒤 신고하라'는 답변이 돌아왔다. 피해를 쉬쉬하는 분위기, 많은 자원을 무리해가며 동원해도 보장되지 않던 신변의 안전은 무력감을 야기했고, 나는 온 힘을 다해 한국을 떠났다. 그때 누군가가 인종차별 역시 만만치 않을 것이라고 우려했다. 하지만 내가 당장 마주한 차별의 크기가 압도적으로 커 보였기에, 그때의 나는 외국인으로 살아가는 일에 관해 상상할 겨를이 없었다. 폭력이 존재하지 않는 유토피아가 어딘가에는 있을 것이라는 희망이 당시의 나에게는 그 무엇보다 필요했다. 아니, 최소한 폭력이 발생한 뒤 대응하는 시스템이라도 존재하는 '조금이라도 나은 장소'에서의 삶이 절실했다.

그렇게 독일에 온 뒤로는 한국어로 된 노래까지 모두 차단하며, 어떻게든 새로운 언어를 빨리 익혀 새로운 곳에 성공적으로 동화되길 바랐다. 길을 가다 들리는 대화를 모두 속으로 따라 하며 현지인의 독일어 억양을 익히는 날이 매일 이어졌다. 그렇게 이주 후 몇 개월의 시간이 흐른 어느 날이었다. 그날따라 유독 소심한 마음이 줄어들어 학과 친구들과 따스한 대화를 나눴고, 이제 조금은 이 땅에 내 영역이 생기기 시작했다는 든든한 마음을 느끼며 귀가하던 중이었다. 베를린의 긴긴 겨울이 끝나가며 봄기운이 완연해진 바로 그날 오후, 누군가가 다가와 내 귀에 나지막이 속삭였다. "너 따위는 아무것도 아니야. 네가 아무리 애써봤자 한순간에 내가 손쉽게 짓밟아버릴 수 있다고."*

---

\* 두 사람이 동전을 흔들어대며 실제로 한 말은 "○○유로로 줄게, 내 XX 좀 빨아봐. 나도 네 XX 잘 빨아볼게"였다. 실제 발언과 달리 나의 귀에 번역되어 들린 대화를 기록한다.

황급히 자리를 피해 벗어나는 내 뒤에서 들리던, 반복
해서 울렸던 웃음소리. 나는 그날부터 현지인의 말을 흉
내 내는 걸 그만두었다.

하룻밤이 지난 다음 날 경찰서에서 신고를 마친 뒤 '성
적 괴롭힘'이라는 사건명이 쓰인 안내문을 받아 나왔다.
이틀 후, 비슷한 사건이 또 발생했고 사흘 동안 두 번이나
신고할 수는 없다고 생각하며 혼란스러운 마음으로 집에
돌아온 뒤, 또 다른 사건이 연이어 발생했다. 그리고 같은
달, 열다섯 번을 마지막으로 나는 더 이상 사건 발생 횟수
를 세지 않게 되었다. 동기들에게 사건을 공유한 날 한 독
일인 친구가 말했다. "혜민, 넌 혼자가 아니야. 우리는 모
두 같은 여성으로서 비슷한 일들을 겪고 있지. 나도 지난
주말에 비슷한 일을 한 번 겪었다니까." 쓸쓸한 경험을 공
유하며 위로를 건네는 그 친구가 말을 이었다. "그러니
그걸 인종차별이라고는 말하지 않으면 좋겠어. 늘 그런
식으로 말하는 흑인 친구 진짜 피곤하더라." 나도, 피로감
이 몰려왔다. "그래, 유감이네. 근데 난 네가 그 사건을 한
번 겪는 동안 세 번의 사건을 더 겪었어. 그리고 넌 '성매
매 여성'으로 취급받진 않았을 것 같은데, 아니야?"

경찰의 안내에 따라 찾아간 성폭력 상담소는 기대만큼
좋았다. 매뉴얼대로 진행되는 상담은 안도감을 주었고,

그 안도감은 한국에서는 쉽게 만날 수 없었던 행운이었다. 문제는 그들이 기대하던 아시아 여성의 상과 내가 달랐다는 데 있었다. 나는 누군가의 상상 속에 있는 '페미니즘에 무지하고, 무력한 아시아 여성'이 아니었으며, 용감하게 홀로 먼 땅에 온 여성학 전공자였다. 나는 성폭력 사건 후의 대응 매뉴얼에 관한 지식을 어느 정도 갖고 있었고, 통역을 필요로 하지 않았으며, 지역의 한국인 커뮤니티에 이 문제를 얘기하길 원치 않았다. 내가 들은 성적 모욕의 말에 인종차별이 섞여 있었다는 나의 분석이 나올 때마다 상담은 기묘한 침묵으로 이어졌다. 상담사는 성차별에 대해서는 굉장히 유용한 팁을 많이 건넸지만, 인종차별을 다루는 데에서는 곤란함을 표했다. 급기야 그는 인종차별에 좀 더 공감해줄 한인 커뮤니티에 얘기해보면 어떻겠냐고 제안했고, '인종차별에는 공분하겠지만 성폭력과 성차별에 대한 이해도가 높지 못하리라 예상되는 한인 커뮤니티에는 이 사건을 공유하고 싶지 않다'는 나의 말에 낮은 한숨을 내쉬었다. 몇 차례의 상담 후 '유럽으로의 인신매매' 방지 활동을 주로 진행한다는 베를린 아시아 여성단체의 연락처를 전달받고 상담이 황급히 종료된 그날, 나는 베를린에 처음 혼자 떨어져 중앙역 앞 광장에서 우두커니 서 있었던 때처럼 혼자 남겨진 마음이 되었다.

갑자기, 벨이 무척 보고 싶어졌다.


## 가모장이든, 발바닥이든, 코딱지든 상관없이

"사건을 정리하려고 시작한 상담인데, 상담소에서까지 가해자가 날 인지하고 분류했던 바로 그 방식 그대로, 또 다시 내가 분류된 것 같았어. 그 범주에 들어가자마자 오히려 어디에도 발 디딜 곳이 없는 기분이 들더라. 그 마음을 어떤 말로 표현해야 할지 잘 모르겠어. 비참함도 아니고, 헛헛함도, 쓸쓸함도 서글픔도 아니었어."

조용히 얘기를 듣던 벨이 이해한다는 듯 고개를 끄덕였다.* 나는 벨의 날카롭고 또 따스한 그 눈빛이 좋았다. 주제를 파고드는 그의 집요함과 날카로운 분석이 좋았고, 말이 많은 나와는 달리 그 모든 말을 간결하게 정리하는 따스함과 유머가 좋았다. 커다란 광장에 압도당하기 전 벨의 얼굴이 떠오른 건 당연했다. 나는 커서 '그곳'에

---

* 그는 글로리아라는 본명을 갖고 있다. 하지만 그의 할머니 이름인 '벨'을 그도, 나도 더 좋아하기에 나는 그를 언제나 벨로 불렀다.

갔고, 그는 태어날 때부터 자신이 태어난 곳이 '그곳'인 삶을 살았다. 우리는 종종 그 차이를 발견할 수밖에 없었지만, '흑인으로, 그리고 여성으로 태어난 순간부터 인종과 성 두 가지 조건이 자신의 운명을 결정했다'고 말해온 그는 언제나 긴말하지 않아도 금방 나를 이해했다. 오늘도 그가 내 마음을 설명할 적절한 말을 나보다 더 쉽게 찾아줄 수 있을 것 같았다. 오늘따라 유독 말을 아끼는 벨의 표정을 살피면서, 나는 말을 계속 이어갔다.

"더 웃긴 건 '나는 성매매 여성이 아니야, 학생이지! 그것도 여성학 전공!'이라고 항변하는 나였어."

"그 말을 진짜로 했다고?" 조용히 얘기를 듣던 벨이 깜짝 놀라 황급히 질문을 던진다. 얼마나 놀랐는지 그가 테이블에 내려놓던 레모네이드가 하마터면 쏟아질 뻔했다.

"아니, 그 말을 했다는 게 아니라 그런 마음이 들어서 이상했다고. 모욕하지 말라고 내 지위와 능력을 과시하는 그 처지가 오히려 웃기고, 또 기괴했어. '그래서 뭐 어쩌라고'라는 말이 바로 스스로에게 돌아오더라. '그럼, 뭐 성매매 여성이면 길거리에서 그런 얘기를 들어도 된다는 얘기인가?' 하면서."

벨이 내 답을 듣고 안도한다. 내가 그렇게까지 후진 얘기를 하지는 않는다고 항변하고 싶었지만 참았다. 할 얘기가 아직 너무 많았다.

"어느 날은 내가 '방금 뭐라고 말씀하셨습니까?' 하고 정중하게 물어보니까, '우아, 공주마마 납셨네'라며 낄낄대더라. 여기 사람들은 아시아에서 온 여성을 '이국적인' 섹스 대상으로만 봐. 그리고 고분고분하고 순종적이며, 자기주장을 할 수 없는 사람이라고 생각한단 말이지. 전설에나 나올 법한 드래곤 레이디*나, 결혼 후 우악스럽게 돌변하는 배우자가 되기 전까지 말이야.[2] 나 그 첫 사건 후 집에 오는 길에 '내가 너희가 생각하는 '그저 그런' 아시아 여자 같냐. 내가 이 주제로 논문 쓴다. 두고 봐라, 이 자식들아' 하고 다짐했어. 벨도 그런 마음으로 책 쓴 거 아니야?"

"……음. 비슷했지. 사람들이 내가 얘기를 꺼낼 때마다 나를 켄터키 시골 농장에서 온 건방진 흑인 여자애라고 생각했으니까. 책 쓰는 게 자아실현이자, 자유롭고 독립적인 여성이 되는 어떤 고군분투의 완성처럼 느껴졌어. 그래. 분명 그랬어, 나도. 출판사에 가기 전까지는 말

---

\*   '성녀-창녀'의 이분법적 구도는 '신비롭고 예측할 수 없는 존재'로 상상되는 아시아 여성을 향한 서구의 시선에서도 반복적으로 발견된다. 드래곤 레이디는 '순종적-지배적'으로 양분되는 아시아 여성의 이미지 중 지배적이고 위협적인 상징을 담당하는 존재로, 교활하고 계산적이며, 유능하지만 공감 능력은 결여되었으며 모성애가 없는 캐릭터로 그려진다.

이야."

"당연히 열광한 거 아니야? '어서 오십시오' 하면서?"
곧 출간될 벨의 탁월한 책 《난 여자가 아닙니까?》의 초고
를 감탄하며 읽어본 나는 처음 듣는 얘기에 깜짝 놀란다.

"몇 번이나, 몇 년 동안이나 거절당하면서 점점 깨달았
지. 아, 사람들이 흑인 여자가 흑인 여성들에 대해서 쓴
걸 읽을 리가 없구나."[3]

나는 문득 그와 나눈 며칠 전의 대화가 떠올랐다. 그는
가정 내에서 능력과 권한을 가진 '가모장'에 열광하며 몇
몇 여성을 칭송하는 나에게, 조금은 쓸쓸한 표정으로 '정
말 그렇게 생각하느냐'고 물은 터였다. 작은 힘이라도, 가
족 내에서라도 힘센 여성이 필요하다며, 여성은 집에서
학교에서 직장에서 자기 목소리를 찾아 나서야 한다는
진취적인 목표를 얘기할 때마다 벨은 늘 쓸쓸한 얼굴로
나를 보며 말했다. '가모장' 같은 말에는 속지 말라고. 실
제로는 갖지 못한 힘을 소유했다고 상상하는 그런 마음
이 오히려 현실에 대항해 싸울 가능성을 자꾸 줄인다고.[4]
그게 사실은 다 본인에게 하는 다짐의 말이었나. 그는 또
다시 하루 벌어 하루 먹고 살기도 빠듯한 형편으로 신경
쇠약에 걸리기 직전이면서도 자신을 가모장으로, 힘 있
는 존재로 강조했던 흑인 여성을 만난 일화를 얘기한다.

그 신화가 여성들에게 허울뿐인 가짜 권력과 자부심을 강요하면서, 정작 성차별에서 해방해줄 여성운동 같은 사회운동이 불필요하다고 믿게 했음을 그는 늘 강조했다. 성차별의 가장 큰 희생자인 흑인 여성이 성차별을 자신의 삶을 누르는 힘으로 인식하지 않는 게 큰 비극이라며. 이미 몇 번 들었던 얘기다. 나는 여전히 '가모장'이든, '높은 곳에서 만나자'든, '야망 보지'든 그 어떤 말이라도 그게 누군가의 무력감을 타파할 힘이 된다면 몇 번이고 갖다 쓰고 싶은 심정이었다. 그게 그럴듯한 말 대신 '발바닥'이나 '코딱지'였어도 상관없었다. 그게 현실을 가릴지라도, 혹시 모르잖아. 그러다 보면 그게 진짜로 현실을 바꾸는 힘이 될지도. 저 뛰어난 벨까지 그런 좌절을 그렇게나 경험했다면, 도대체, 누가, 영웅의 자리에 오를 수 있단 말인가. 분명 그때는 공감했던 얘기인데도 애써봤자 제자리라고 힘을 꺾는 것 같아서, 초 치는 것 같아서 오늘따라 벨한테 괜스레 심통이 났다.

항상 그랬다. 나는 커서 '그곳'에 갔고, 그는 태어날 때부터 자신이 태어난 곳이 '그곳'인 삶을 살았다. 우리는 항상 그 차이를 발견할 수밖에 없었다. 흑인으로, 그리고 여성으로 태어난 순간부터 인종과 성 두 가지 조건이 자신의 운명을 결정했다고 말해온 그는 그 운명을 이미 자기 삶으로 받아들인 것처럼 보였고, 나는 언제나 그 운명을 거스르는 새로운 삶을 꿈꿨다. 가모장까지 지워버리면 벨은, 그리고 나는 그 운명을 어떻게 뒤엎을 건데? 레모네이드가 평소보다 유독 묵직하게 목구멍을 넘어갔다. 벨의 주장으로 그를 더 자극하고 싶어졌다. 그래도 출판사의 반복된 거절에도 다시 용기 낸 걸 보니 벨의 조상들은 '가모장'이었던 게 분명하다고 주장했다.

"그래, 가모장 신화를 좋아하는 흑인 여성도 있어. 스스로를 가모장이라고 주장하는 사람도 많고. 아프리카 역사를 다 뒤져서라도 그런 사례를 찾아 인정받고 싶어 했지."

"그래, 그게 나쁜 건 아니잖아? 벨이 어머니와 할머니를 기리듯이."

"그래. 유모, 쌍년, 창녀로 불리는 것보다는 낫겠지. 그 마음이 이상하다는 게 아니야. 근데 진짜 문제는 실제 미국 흑인 여성의 사회적 지위가 가모장과는 거리가 멀다는 거였어. 흑인 여성을 가모장으로 몰아간 건 흑인 여성이 아니었거든. 그저 흑인 여성이 '남성화된', 그리고 위협적인 존재라는 이미지를 심어주고 싶어 했던 이들이었지."

그 순간 그의 책을 내는 출판사에 출간 결정의 이유를

묻고 싶어졌지만, 벨을 그만 괴롭히기로 했다. 나처럼 출판사도 벨이랑 벨의 책이 좋았던 거겠지, 분명. 그걸로 충분했다.


더 이상은 못 참겠어


A 여성학 교수의 독일 여성정책 수업은 정말이지 끔찍했다. 일주일에 일곱 개의 수업을 듣고, 인턴십 프로그램을 병행하고, 성폭력 상담을 끝낸 뒤부터 자기방어 훈련을 받으러 다니며 초인적인 힘을 발휘하던 나에게 그 수업은 마지막으로 넘어야 할 큰 산이었다. 나는 그 산을 넘고 싶었다. 그래야 그 사건이 나에게 아무런 영향을 미치지 않았다는 걸 스스로 증명해낼 수 있으니까.

만나자마자 내가 어디서 왔는지 묻고는 '난 한국에 대해서는 아무것도 모른다'고 말한 건 정중한 반응에 속했다. 중장년의 백인 여성 교수인 그는 몇 주 동안 학생들이 어떤 질문을 하든 상대의 사적인 부분만 얘기하거나, 자신이 가진 상대에 대한 편견으로 답을 대신했다. '제빵사는 공장 노동자랑 결혼할 확률이 높겠지'라는 말도, '휠체어 탄 학생도 뒤에만 있지 말고 앞으로 좀 나와(그 강의실은 휠체어가 자유롭게 지나다닐 공간을 보장하지 못했다)'라는 말도 가감 없이 쏟아냈고, 매번 누군가의 분노를 불러일으켰다. 참다못한 내가 편견의 말을 자제해달라 요청하고 나면, "그러니까 뭐? 무슨 편견? 아시아 여성에 대한 편견? 우편주문 신부나 간호사 같은 걸 말하는 거야?"라고 대꾸하는 식이었다. 복작복작했던 강의실의 학생 수는 매주 줄어들었다. 나는 부디 그런 발언을 멈추길 바라며 교수에게 메일을 보낸 터였다. 몇 주 전의 사건으로 인해 특히 인종차별 발언에 취약한 상태이기에, 나 역시 정중하게만 반응하기 어렵다고 이해를 요청했다. 그는 유감이라고, 나와 친해지고 싶어서 그랬다고, 도움이 필요하면 어느 기관을 알아보라는 답을 보내왔다.

큰 기대는 없었지만, 조금은 자제하길 바라며 6주 차 수업에 참여했다. 이미 학기 중반을 향해 가고 있었고, 이제 와서 수업을 포기할 수도 없었다. 보육 정책의 변화를 다루던 날이었다. 나는 '해당 정책이 처음부터 해당 도시에 거주하는 모두에게 시행되었는지'를 질문했다. 그리고 A 교수가 답했다. "왜? 너 독일 남자랑 결혼해서 애 낳고 싶니?"

그날 내 노트에는 '나.도.학.생.이.야.'라는 문장이 굵은 대문자로, 종이를 뚫을 만큼 세게 쓰였고, 나는 참을 수 없어 교실을 빠져나왔다.

"벨, 나 이제 더 이상은 못 참겠어."

"괜찮아. 증명하느라 더는 애쓰지 마."

A 교수와의 악연에 대해 이미 알고 있었던 벨이 말했다. 그날 나는 보란 듯이 성공적으로 끝내고 싶었던 수업을 포기하겠다는 메일을 학과에 보냈다. 나는 나와 싸울 생각도 없었던 A 교수에게 졌다. 그는 이제 자신의 편견이 옳았다고, 공부에는 관심도 없고 남자나 만나러 온 아시아 여성 아무개로 날 기억하겠지. 가모장이 되는 길은 너무 어려웠다.

## 가모장 퇴임식에서 발견한 원고 뭉치

"그래, 가모장에서 막 은퇴한 혜민. 아직 너한테는 선택지가 두 개가 있거든? 잘 참고 너그러운 제미마 아줌마, 아니면 영악하고 위험한 사파이어 둘 중 뭐로 할래?"

기분을 풀어주려는 듯, 농담조로 벨이 말을 꺼냈다. 뭐라는 건지. 지난번에 괜히 놀렸네.

"전에 이 내용 본 적 있지?"

벨이 마무리 중인 책의 아이디어 노트를 펼쳐준다.[*]

너그럽고 헌신적인 여성

**Aunt Jemima**
제미마 아줌마

악의적이고 위험하고 영악하고 혐오스럽다

**Sapphire**
사파이어

유모 캐릭터가 아닌 모든 것

백인들이 참아줄 수 있는 흑인 여성상

→ 인종주의 체제에 순응
→ 백인들에 대한 순수하고 일방적인 사랑

백인 남성: 흑인 여성의 인격 말살과 성적 착취 정당화
백인 여성: 자신들의 순수함과 순결함 강조
흑인 여성: 사파이어가 되지 않기 위해 감정을 억누름
또는
사회의 가혹한 처사에 대한 적절한 반응이라고
생각하며 이 정체성을 끌어안음.

자신의 운명을 통제할 수 있는
실질적 권력 X

**Amazons / Matriarchy**
아마존 / 가모장

'진짜' 여성이 아닌, 남성화된,
인간 이하의 생명

고난을 이겨내는
영악하지 않은 여성

## 한참을 들여다보다가 난감한 기분에 휩싸였다. 사파이

\*   벨은 알파벳을 세로로 길게 늘여 쓰는 습관이 있다. 벨의 메모를 한글로 재현하면서 그의 필체를 따라 해봤다. 당시 벨이 보내준 메시지도 함께 덧붙인다: "흑인 여성에 대한 부정적 고정관념은 노예제 시대에 기원을 두고 있어. 백인 남성 노예주들은 흑인 여성의 기여를 최대한 깎아내리기 위해 여러 신화를 창조했지. 그 신화 중 하나가 흑인 여성 모두가 남자의 성질을 지닌 인간 이하의 생물이라는 것이었어. 흑인 여성 노예들은 소위 '남자들'의 육체 노동을 훌륭히 소화해내고 고초와 궁핍을 굳건히 견디면서도 청소, 요리, 육아 같은 소위 '여자들'의 일도 척척 해냈어. 이는 '여성은 선천적으로나 심리적으로 남성보다 열등하다'는 가부장제 신화를 위협했데. 그래서 백인 남성은 가부장제에서 여성은 수행하지 못한다고 알려져 있던 임무를 흑인 여성이 무리 없이 수행하는 이유를 설명하기 위해 흑인 여성이 '진짜' 여성이 아니라 남성화된 인간 이하의 생물이라고 주장하기 시작한 거지."[5]

어랑 제미마, 그거 다 나 아닌가? 그중에 하나만 고르라고? 도무지 선택할 구석도, 도망칠 구석도 없다. 가모장부터 포기하길 잘했네. 벨의 장난스러운 말을 듣다 보니 또다시 실패를 인정하면서, 신기하게도 동시에 그 실패를 위로받는 기분이 들었다.

페미니스트라고 믿었던 이들에게 실망하는 일이 이번이 처음도 아니었건만, 그때마다 느끼는 깊은 좌절과 실망은 도무지 익숙해지지 않았다. 그래서 나는 또 벨을 보러 왔다. 그는 '자매애'라는 말을 계속 꺼내면서도 얼렁뚱땅 눙치려고 그 말을 쓰지는 않는 사람이니까. 모든 여성이 서로 간의 적대감, 질투, 경쟁을 벗어날 때 페미니스트 혁명이 달성될 수 있다고 믿는 그는, 그렇다고 '그러니까 서로 미워하지 말고 사이좋게 지내'라고 말한 적은 또 없었다. 사람들이 '자매애'를 내걸면서 나보고 자기한테 맞추길 강요하는 것 같다고 툴툴거릴 때마다 벨은 자매애가 단지 몇 마디 대화로 생성되는 게 아니라 지속된 성장과 변화를 통해서만 만들어지는 거라고 얘기했다. 그래서 모두가 예외 없이 인종주의자, 계급주의자, 성차별주의자로 사회화됐다는 걸 인정하는 것부터 출발해야 그 부정적 내면화를 걷어낼 수 있다고 벨은 늘 강조했다.[6] 그는 언제나 따스하며 또 날카로웠다. 나는 그 따스함과 날카로움 모두에서 지지와 위로와 자극을 받았다.

문득 책상 위에 잔뜩 쌓인 벨의 원고가 눈에 들어왔다. 그리고 '가모장'의 신화를 부정해야 한다는 말을 새기고도 끊임없이 노력하는 그 삶의 무게를 떠올렸다. 출판사에서 원고를 거절당할 때마다 그는 몇 번이나 이걸 수정해왔던 걸까. 그는 '가모장'의 신화 없이 그동안 무엇으로 자신을 지탱해왔을까. 그는 사실, 한 번도 운명이 자기 삶을 결정하도록 내버려 둔 적이 없었다. 단지 자기의 삶을 결정지으려는 그 운명을 몇 번이고 고통 속에서 직시하고자 애썼을 뿐이다. 내가, 그를, 단정 지었다.

"근데 말이야, 지금 생각해보면 그 소저너 트루스의 '난 여자가 아닙니까?' 있잖아. 그게 사실은 '어쩌라고!' 외치고픈 마음을 정중하게 표현한 건 아니었을까?"

평소에 그다지 정중하지만은 않은 사파이어의 영혼을 가진 아시아 여성, 그렇지만 벨에게는 제미마가 되고 싶은 내가 말했다.

"맞아, 근데 연설하면서 '어쩌라고'라고 하면 싸우는 줄 알고 중단시켰겠지. 그렇게 점잖은 척 엉뚱한 말만 하는 이들을 놀리고 싶었던 것 같아. 소저너 트루스는 최고라니까. 난! 여.자.가! 아.닙.니.까!"

소저너 트루스의 문장을 처음 접했을 때의 그 기묘한

전율이 벨의 입에서 다시 흘러나온 문장을 통해 재현된다. 제미마도, 사파이어도, 가모장도 아닌 여성의 목소리다. 하지만 모두가 '여성은 그렇지 않아' 혹은 '나를 여성으로만 보지 마'라고 외치기 시작한 이 시기에, 이제 와서 또다시 '난 여자가 아닙니까'라니. 정말 벨은 못 말린다. 한참 웃고 난 뒤, 벨에게 처음으로 진지하게 물어보았다.

"음, 나도 저 문장 좋아하긴 하지만, 꼭 벨의 책 제목으로까지 붙여야만 했어? 첫 책인데?"

"1851년, 소저너 트루스가 연설한 그 장소랑 상황이 그때 거기서도, 지금 여기서도 너무 자주 겹치니까. 인종차별 문제가 성차별 문제에 앞선다는 주장도, 성차별 문제를 얘기하면서 '여성'과 '흑인'이란 분류로 '흑인 여성'의 존재와 언어를 관심 밖으로 내모는 게 지금이랑 정말 똑 닮았거든.[6] 그리고 무엇보다 말이지……."

벨이 잠시 뜸을 들인다. 나는 숨죽인 채 말을 기다렸다.

"슬랭이잖아!* 완벽하지 않아도 충분하다고, 그렇게 외칠 수 있다고 말하는 게 참 좋아."*

---

* ain't는 am not, is not, are not, has not, have not을 줄인 표현으로, 케임브리지 사전은 많은 이들이 이 표현을 정확하지 않은 영어로 평가한다고 설명하고 있으며, 유어딕셔너리 사전은 이를 슬랭으로 정의한다. 미국 남부 지역의 사투리 혹은 흑인들이 자주 사용하는 영어로 간주되며 격식을 차리지 않은 대화에서만 사용되는 용법이다.

## 난 여자가 아닙니까?

학기가 끝날 때쯤, A 교수로부터 메일이 도착했다.

혜민에게,
수업 종강일에 당신의 동기들이 당신이 비독일인으로서 차별을 느꼈다고 얘기했습니다. 그리고 그게 나를 매우 걱정시키네요.
제 말에 오해의 소지가 있었다면 진심으로 사과합니다. 당신이 감정적으로 긴장된 상태임을 이해해달라는 아주 친절한 메일을 저한테 보냈었기 때문에 어떻게 그런 인상을 받은 건지 전혀 모르겠어요. 그리고 당시 저는 당신에게 대학 내에 차별이 있다면 즉시 연구소장과 부서장에게 알려주라고 요청했고요.
나는 당신이 직접 나에게 말해주길 기대했습니다. 동료 학생들이랑 함께라도요. 나는 지난 몇 주 동안 당신을 걱정했고, 당신이 왜 더 이상 나오지 않는지 물었지만 아무 대답도 듣지 못했습니다. 그리고 학기가 끝난 뒤 이런 비난에 직면하다니 실망스럽습니다.
안타깝게도, 이미 휴가 중이라 저는 곧 있을 학과 여름 모임에 참석할 수 없습니다. 휴가만 아니면 우리는 이 기회

를 이용하여 명쾌한 토론을 할 수 있었을 텐데요. 행운을
빕니다. 외국인 학생들을 해칠 의도는 전혀 없었다는 걸
알아두세요.

A

나는 모욕감인지 고통인지, 애정인지 신뢰인지 모를
복잡한 마음으로 답을 쓰기 시작했다. 이주를 온 뒤 처음
으로 단 한 번도 끊기지 않은 글이었다. 사전도, 문법 검
사기도 쓰지 않은 채 내가 내내 떠올린 건 벨의 책 제목에
쓰인 Ain't였다. 그걸로 충분했다.

A 선생님께,
수강을 중단한 뒤 이미 당신께 보낼 메일을 써뒀지만, 당
신이 정확한 이유를 알고 싶으신지 몰라서 보내지 않았습
니다. 사실 저는 이 일에 더 이상의 시간을 쓰고 싶지 않았
습니다. 당신이 제 생각을 이해할 수 있을지 더 이상 확신
이 서지 않았기 때문입니다. 하지만 당신의 메일을 읽고
난 뒤, 저는 답을 보내기로 결심했습니다.
저는 당신이 당신의 수업에서 나에게만 항상 다른 대답을
했기에 차별받는다고 느꼈습니다. 저는 당신과 사적으로
대화하고 싶지 않았고, 학생과 선생의 사이로 평범하게 행

동하길 바랐습니다. 당신은 다른 독일인 학생들에게 대답할 때는 거리를 유지하며 선생으로서 답했습니다. 하지만 제가 질문하거나 주제에 대한 의견을 말할 때면, 당신은 항상 아시아인에 대한 당신의 편견을 더하며 너무나 사적으로 대답했습니다.

베를린의 많은 차별 사건에서 저를 아프게 한 것은 사실이 아이러니한 상황이었습니다. 페미니스트, 젠더-다양성 전공 학생, 아시아인으로서의 제 정체성은 언제나 모순되었습니다. 저를 차별했던 대부분의 사람은 저를 인간으로 존중하지 않았고 자기가 가진 아시아인에 대한 편견만을 기반으로 끔찍한 행동을 했습니다. 저는 항상 제가 원하는 대응법을 선택했고, 정말 필요한 도움이 있다면 제가 원하는 사람에게 직접, 아주 분명하게 요청했습니다. 저는 평생 직간접적인 차별을 많이 경험했고, 제 나라에서 이런 상황의 누군가를 여러 번 도와왔기에 대응법을 알고 있습니다.

저는 제 질문과 의견에 대한 당신의 대답이 항상 불편했습니다. 당신은 제가 부탁하지 않은 내용만을 말하며, 정작 제 질문에 대한 답은 하지 않았습니다. 저는 다른 독일인 동료들과 마찬가지로 학생으로서 수업에 참석했습니다. 독일 정치와 정책은 저에게 조금 생소하지만, 학문적

으로 매우 흥미로운 주제였기 때문에 알고 싶었습니다. 그
것이 바로 제가 항상 적극적으로 질문하고 논의해 온 이유
입니다. 하지만 당신은 당신이 가진 아시아인에 대한 고정
관념을 기반으로 항상 질문과 다른, 언제나 너무나 사적인
대답만을 했습니다. 예를 들어 '당신이 공부하는 동안 독
일 남자의 아이를 갖고 싶은지' 같은 거요. 저는 한국 사회
역시 상호문화 사회로 향하고 있고, 독일의 정치가 한국
의 미래에 대한 해결책이 될 수 있으므로 '외국인'에게는
독일의 제도가 어떻게 적용되어왔는지 알고 싶었을 뿐입
니다.

학기 초에 당신이 저에게 한국에 대해 전혀 모른다고 아주
솔직하게 말했기 때문에, 저는 이를 당신의 인간적인 한계
로 이해하고 싶었습니다. 하지만 전 당신이 제 질문에 너
무 개인적으로 대답하는 반복된 상황을 더는 견딜 수 없었
습니다. 불행히도, 당신의 그 무신경한 답변 때문에 저는
독일에서 일어난 차별을 몇 번이고 다시 상기해야 했고,
그건 저에게 매우 힘든 일이었습니다.

저는 당신의 원치 않은 도움이나 사적인 행동이 때때로 상
대 존재에 대한 무지, 혹은 심지어 차별이 될 수 있다는 것
을 배워야 한다고 생각합니다. 비록 그게 좋은 의도에서
나왔더라도요. 왜냐하면 상대가 그걸 원하지 않았으니까

요. 성인으로서, 학생으로서, 다양한 삶의 경험을 가진 사람으로서, 저는 제가 무엇을 하고 싶은지 스스로 결정할 수 있는 사람입니다. 어쩌면 저는 제 나이보다 훨씬 더 많은 인생 경험을 했을 수도 있고요. 왜냐하면 당신이 알고 싶어 하지 않은 한국에서의 삶은 독일보다 훨씬 더 복잡하기 때문입니다.

비록 제 독일어가 완벽하지 않겠지만, 비록 제가 아시아인으로서 독일에 살고 있지만, 그것은 제가 수동적으로 머무르며 누군가가 항상 도와줘야 하는 사람이라는 걸 의미하지 않습니다. 하지만 저는 항상 당신이 그걸 잊은 것 같은 느낌을 받았습니다. 그것이 제가 모든 노력에도, 비록 그게 저에게 큰 불이익이라는 걸 알면서도 결국 학기가 끝나기 직전에 당신의 수업을 중단한 이유입니다. 저는 당신이 제 발표와 과제를 중립적으로 평가할 수 있을지 확신이 서지 않았습니다.

저는 당신의 일방적이고 빠른 대답을 듣고 싶지 않습니다. 저는 그것을 필요로 하지도, 원하지도 않습니다. 하지만 저는 여전히 제 관점을 당신이 이해하고 고민하길 바랍니다. 아마도 당신이 당신의 정체성으로 인하여 당신의 삶에서 차별받았을 때를 저의 경우로 거꾸로 적용해보면 이해할 수 있을지도 모르겠습니다. 하지만 당신이 이를 마음으

로 이해할 수 없다면, 이제는 더 이상 제게 메일을 보내지
말아 주십시오.

혜민

《벨 훅스, 경계 넘기를 가르치기》

*Teaching to Transgress: Education as the Practice of Freedom* (1994)

내 언어는 나를 배신하고,
나는 언어로 억압자를
배신하고

김미소

"나누어진 마음과 몸을 다시 하나로 합치기 위해서,
우리처럼 소외되고 억압받은 사람들은 언어로써
우리 자신과 우리의 경험을 회복시키려 한다.
우리는 친밀감이 존재하는 장을 만들려 애쓴다.
표준영어에서는 이런 공간이 존재하지 않기 때문에
우리는 파열되고, 망가지고, 문법에 맞지 않는
우리만의 언어를 창조했다."

—《벨 훅스, 경계 넘기를 가르치기》, p.210

책 소개

《벨 훅스, 경계 넘기를 가르치기》는 이론/실천, 학계/현장, 백인/흑인, 교실 안/밖, 교사/학생, 정신/몸 등 교육에 아주 흔히 자리잡고 있는 이분법의 경계를 자유롭게 넘어다니는 벨 훅스의 여정을 들려주는 책이다. 보통 교육이란 학계의 저명한 학자들이 공을 들여 만든 이론을 교사가 교실에서 그대로 실천하며, 학생의 머리 안에 지식을 보다 효율적으로 넣어주는 활동이라고 생각하기 쉽다. 벨 훅스는 이 납작한 위계를 유쾌하게 깨부수면서, 자신도 모르게 자신을 억누르고 있던 사고방식을 산산이 깨고, 다민족과 다문화 배경의 학생이 함께 어울려 즐거움을 누리며, 공동체를 만들어 함께 해방을 향해 나아가는 교실을 만든다.

　벨 훅스는 이 책에서 자신의 감정을 주저하지 않고 드러낸다. 슬픔, 이해되지 않음, 답답함, 지침, 열정, 기쁨 등 다채로운 감정을 표현하며 그 감정을 둘러싼 이론이나 개념을 소개하고 주장을 전개해간다. 이 글에서는 나에게 가장 와닿았던 세 가지 감정과 개념의 짝인 갈증-교육, 상처-이론, 아이러니함-언어를 통해 《벨 훅스, 경계 넘기를 가르치기》를 소개하려 한다.

먼저 벨 훅스는 타는 듯한 갈증 때문에 파울로 프레이리의 철학에 끌렸다고 한다. 차별당하고 지배당하는 이 현실을 바꾸고 싶은 갈증 때문에. 벨 훅스는 노예, 흑인, 여성의 해방에 교육이 꼭 필요하다는 걸 몸에 새겨진 경험으로 알고 있었고, 해방을 위한 교실을 어떻게 만들 수 있을지 치열하게 고민하고 토론한다. 학생의 감정과 영혼을 돌보고, 학생들의 경험을 끌어내어 "흥이 나는" 교실을 만들며, 배움의 공동체를 만들어야 한다고 말한다.[1] 동시에 벨 훅스는 교사 자신에 대한 돌봄도 빼놓지 않는다. 교사가 모든 책임을 지고 완벽한 준비를 해 "흥이 나는" 교실을 이끌어가는 게 아니라, 학생과 교사가 함께 서로의 성장과 배움에 책임을 지고 참여하며 만들어가야 한다. 이 과정은 아주 큰 에너지가 들 수밖에 없으니, 교사 자신의 자아실현 및 내면의 단단함이 없으면 지속할 수 없다. 현실을 바꾸고 싶은 갈증은 학생과 교사가 모두 참여하는 교실을 만들어가며 채울 수 있다.

다음으로, 벨 훅스는 상처 때문에 이론으로 왔다고 고

백한다.[2] 이론은 지적 유희나 호기심 충족을 위한 도구가 아니라, 상처와 고통을 주는 이 세상을 이해하게 해주는 치유의 역할을 한다고. 이론은 개인의 경험과 서사에서 만들어지고, 이렇게 만들어진 이론은 고통에 언어를 부여한다. 아프고 힘들고 괴롭지만 왜 그런지조차 알 수 없을 때, 이론이 이 고통을 이해할 수 있고 말할 수 있게 해준다. 벨 훅스는 검열 없이 흑인성 및 젠더에 대해 말하고 쓰며, 여성의 건강이나 가정폭력 등 우리 자신의 일상에서 가장 시급한 문제를 해결하기 위해 분투하는 것이 이론의 실천 그 자체라고 말한다. 이론은 상처에서 만들어지고, 상처는 이론으로 언어를 얻고, 언어는 말과 글이 되어 힘을 얻는다.

마지막으로, 벨 훅스는 에이드리언 리치의 시를 인용하며 타인에게 말을 건네기 위해 억압자의 언어를 쓸 수밖에 없는 아이러니함을 말한다.[3] '표준 언어'는 표백되고 정제된 언어로, 흑인, 여성, 이민자 등 '표준 언어'를 접할 기회가 없었던 사람들의 입을 막는다. 사회는 '너희들의 메시지를 전하려면 표준 언어로 말하라'고 강요하지만, 정작 소수자들은 그 언어를 갖고 있지 않은 아이러니. 벨 훅스는 이 아이러니함에 갇혀 있지 않고, 언어를 유쾌하게 비틀고 전복시켜 자신의 것으로 만든다. 흑인의 언어를 사용해 친밀함을 되찾고, 감정을 표현하고, 언어를 가져와서, 소유하고, 저항의 언어로 삼는다.

내가 이 책을 처음 만난 건 아무도 읽지 않는 논문을 쓰고 아무도 알아주지 않는 수업을 거듭하며, '이게 다 무슨 소용이야', '다 내가 못나서 그렇지 뭐'를 반복하던 대학원생 때였다. 책을 열었을 땐 벨 훅스가 누군지도 몰랐는데, 책을 닫았을 때는 꼬리에 꼬리를 무는 질문과, 그 질문을 탐구해볼 용기가 퐁퐁 솟아났다. 벨 훅스의 문장 하나하나에는 힘이 있었다. 흑인 페미니스트 노동계급 출신 여성으로서 이론에서도 생활에서도 자신의 자리를 찾지 못하던 사람이, 자신의 경험과 정체성 및 학술언어, 일상언어를 묶어서 자신의 자리뿐만 아니라 학생들이 자기 존재 자체로 편안해질 수 있는 자리를 만들어간다. 벨 훅스의 말대로, "내 안의 고통은 너무나 격렬해서" 살아가기조차 힘들고, "이론에서 치유의 공간을 발견"하기를 원할 때 이 책이 나에게 오아시스가 되어주었다.

언어는 존재의 집이라는…데?

　대학생이 된 이후부터 지금까지 3개국의 다양한 집에서 살았다. 모든 시설이 최신식이라 아주 편리했던 2인용 기숙사, 엄지손가락 크기의 바퀴벌레가 튀어나와서 한밤중에 비명을 질렀던 빌라, 하우스메이트가 에어컨을 18도로 틀어서 8월에도 수면잠옷을 입고 전기장판을 틀어야 했던 미국의 주택, 윗집 학생이 싱크대 물을 잠그지 않고 나가 '마른 천장에 물벼락'이 떨어졌던 반지하 방, 샷시도 온돌도 이중창도 없어서 겨울에는 얼어 죽을 것만 같았던 일본의 7평 분리형 원룸.

　이 모든 집은 나에게 최소한의 보호막이 돼주었지만 어딘가가 이상하게 계속 거슬렸다. 모든 시설이 최신식인 기숙사는 임시 거처밖에 되어줄 수 없었고, 가족과 함께 살 수 있었던 빌라는 너무 멀어 긴 통학을 해야 했다.

공간이 넓어 책과 물건을 마음대로 쌓아둘 수 있었던 미국 주택엔 카페트가 깔려 있어 알레르기비염 환자의 눈물 콧물을 쏙 뺐고, 카페트도 없고 월세도 싸고 넓었던 미국 집엔 어느 날 갑자기 박쥐가 날아다니며 내 혼을 다 빼놓았다. 햇빛이 멋지게 들어오는 게 좋았던 일본 원룸은 너무 추워 집 밖이나 안이나 차이가 없었다.

독일의 철학자 마르틴 하이데거는 "언어는 존재의 집이다"라고 말했다. 지금까지 한국, 미국, 일본 3개국에 살면서 여러 언어의 집을 지어왔다. 한국어는 내 첫 번째 집, 영어는 내 전문성의 기반이 되어준 집, 일본은 내 새로운 생활의 거처가 되어준 집. 3개국에 살며 여러 언어의 집을 짓는 동안, 한국어는 나에게 언제나 가장 친근한 안식처가 되어주었다. 한국어는 나의 사고를 만들어주었고, 한국어 안에 머무는 동안 최소한의 안전은 보장받을 수 있었다. 한국어를 말하는 동안은, 적어도 '문법적으로 어색한 말일까', '발음이 틀렸을까' 같은 걱정은 하지 않아도 되었으니까.

그런데 한국어 집 역시 어딘가가 불편했다. 종종 전혀 예상하지 못했던 한국어 표현이 갑자기 툭툭 튀어나와 나를 훅 때리고 가곤 했다. "야 개강여신 되려면 다이어트해야지." "제일 예쁠 때 연애 많이 해야지." "워킹홀리데

이 갔다 오면 결혼 못 한다던데.” “여자는 직장에서 계속 살아남기 어려워.”

왜 한국어 집이 나에겐 묘하게 맞지 않고 불편할까? 왜 내 모어母語, mother tongue는 나를 엇나갈까? 2015년, 페미니즘 리부트 시기 부상하던 단어를 보고 그 답을 어렴풋이 알 수 있었다. ‘유모차’, ‘폐경’, ‘학부모’, ‘벙어리장갑’, ‘몰래카메라’ 등의 단어가 ‘유아차’, ‘완경’, ‘보호자’, ‘손모아장갑’, ‘불법촬영’ 등으로 바뀌어갔고, ‘처녀봉’, ‘노처녀’, ‘젖가슴’ 같은 말은 사장되기 시작했다. 수없이 많은 단어가 세찬 물결에 떠밀려 내려가고, 또 등장했다. 지켜보면서 생각했다. 내가 지금 쓰고 있는 언어는 누구의 시선에서 만들어졌던 건지. 언어가 사고의 도구라면, 이 언어를 써서 쌓아올린 내 사고 체계는 누구의 사고 체계인지.

## 말과 세계의 경계를 가로지르기

《벨 훅스, 경계 넘기를 가르치기》의 열한 번째 장은 ‘언어’다. 이 장의 원문 부제는 ‘Teaching new worlds/words(새로운 세계/언어를 가르치기)’로, ‘worlds’와 ‘words’의 스펠링과 발음이 묘하게 일치하는 것 같으면서도 ‘l’

하나 차이로 어긋난다. 한국어의 세계와 말도 그랬다. 나에게는 아주 편안했지만, 가끔 '1'만큼 작은 차이로 나를 어긋났다. 도대체 왜 그렇지?

2023년 2월의 어느 날, 오키나와의 소수어인 야에야마어 연구자의 이야기를 들으며 왜 내 한국어가 어긋나는지 조금이나마 알 수 있었다.[5] 연구자의 발표를 듣고 나는 이런 대화를 상상해봤다.

"당신의 모어는 뭔가요?"

"한국어예요."

"그럼 모국어는 뭐예요?"

"(아까랑 똑같은 질문을 왜 하는지 의도를 궁금해하며) 당연히 한국어인데요."

"제일 자주 쓰는 언어는 뭐예요?"

"(이 사람이 장난하나 싶은 기분을 억누르며) 한국어죠."

"당신이 가장 친근하게 느끼는 언어는 뭐예요? 그러니까 당신의 정체성과 가장 가까운 언어요."

"(화를 참으며) 아니, 보면 몰라요?"

연구자의 조부모는 다이쇼 시대에 태어나 오키나와 전투를 겪었고, 오키나와섬의 미야라 방언과 요나바루 방언을 사용했다. 연구자의 부모는 야에야마어와 오키나와어를 이해하지만 말하기는 어려워했다. 연구자 자신은 어렸을 때 오키나와에서 자라면서 일본어를 제1언어로 배웠지만, 도쿄 사람을 만났을 때 자신의 일본어가 도쿄의 일본어와는 무언가 다르다는 걸 깨달았다고 한다.

이렇게 오키나와와 자신 가족의 언어사를 쭉 설명하다가 말했다. "모어가 무엇인지 정하는 게 어떤 사람에게는 쉽겠지만, 저에게는 아주 어렵습니다." 모어를 주로 "가장 먼저 배운 언어", "가장 잘할 수 있는 언어", "가장 많이 쓰는 언어", "자신의 정체성과 가장 가까운 언어" 등으로 정의하는데,[6] 이 모든 게 일치하지 않는 사람도 많다고.

듣고 보니 정말로 그랬다. 한국에서 태어나 한국어를 듣고 자랐지만 몇 년 후 해외 입양을 간 경우, '모어'가 한국어인지 입양지의 언어인지 정하기 어렵다. 재일 교포가 가장 잘 구사하는 언어는 일본어일 수 있지만, 한국인 정체성을 지키고 싶어 하는 경우는 일본어를 모어라고 할 수 없다. 서경식 교수가 대표적인 예이다. 가장 많이 쓰는 언어로 모어를 정하기도 어렵다. 나는 일본에 사는 한국인으로, 매일 일본어를 제일 많이 쓰고 있지만 내 모어를 일어라고 할 수는 없다. 자신의 정체성과 가장 가까운 언어로 모어를 정하는 것도 어려움이 많다. 한국에서 태어나고 자랐지만 한국의 삶이 힘들어 미국으로 이민한 뒤 영어로 계속 생활해왔다면, 영어가 더 자신의 정체성에는 가까울 것이다.

야에야마어 연구자의 발표를 듣고 깨달았다. 한국어는 내가 처음 지은 존재의 집이지. 그러나 어느 순간 내 몸집은 한국어보다 더 커져버렸고, 한국어 이외의 존재의 집이 있다는 것도 이제는 알아. 한국어는 소중한 내 첫번째 집이지만, 안온하게 눈을 감고 이 안에 계속 머무를 수만은 없어. 이 집이 다 성장한 나를 계속 보호해주는 건 아니야. 한국어의 여성혐오 표현들은 여성인 나를 계속 억눌러. 내가 성장한 곳은 아직도 "가씨~나가 뭐 그래 쳐 돌아다녀쌌노"라는 말을 아무렇지 않게 쓰지. '교양 있는' 사람이 쓴다는 서울말 역시도 위계 표현이 심해서 어딜 가나 막내인 나를 찍어 눌러. 한국어만이 나의 집이, 나의 세계가 아니야.


"오빠야 한 번 해봐"


내가 처음 지은 존재의 집, 한국어 집을 가만히 들여다봤다. 그래, 내가 영어, 일본어 집을 지은 이후에도 내가 돌아올 집은 이 집이지. 내 첫 번째 집. 그런데 첫 번째 집 역시 무언가 모르게 어색했다. 그제서야 기억났다. 이 집

은 내가 서울에 올라온 이후 벽을 덧대고 지붕을 넓혀 지
은 집이지. 이 집 안에 있는, 내가 제일 처음 지은 집은 경
상도 사투리의 집이었지.

경상도에서 서울로 오자마자 어딜 가나 듣게 된 질문
이 있다. "오빠야 한번 해봐." 처음에는 내 고향의 억양 그
대로 말해주었다. '오'가 낮고, '빠'가 높은 음을 찍고, '야'
에서 내려가는. 주변 사람들이 까르르 웃었다. '오빠야'는
대화를 열기 위한 열쇠였다. 서울 사람들은 이 말이 그렇
게나 신기한가? 웃어주는 주변 반응에 점점 취했고, 이것
저것 설명을 붙이기 시작했다. 부산 버전과 내 버전이 어
떻게 다른지, 어떻게 '언니야' 발음이 '언니아'에 가깝게
나는지. '형아'와 '형'과 '희야', '형님'과 '행님'과 '햄'은 무엇
이 다른지. 주변에서 웃어주는 게 좋았고, 대화를 편하게
시작할 수 있어 좋았고, 주변에서 귀엽다고 해주는 것도
좋았다. 그 와중에 든 생각. 귀여움이 나를 어디까지 데려
다줄 수 있을까?

고양이는 귀여움으로 세계를 지배하지만, 사람은 귀여
움으로 세계를 지배할 수 없다. 더 힘이 센 언어를 익혀야
살아남을 수 있었다. 서울에 온 지 몇 달도 되지 않아 경
상도 사투리의 집은 흔적만 남은 채 서울말의 집으로 확
장되어버렸다. 나는 더 이상 친근감의 상징인 '언니야'를

쓰지 않게 되었고, 누군가를 '오빠야'라고 부르지도 않게 되었다. 어느 순간부터 내가 경상도 출신이라는 걸 말하지 않으면 아무도 알아차리지 못했다. 의식적으로 고치려고 노력한 것도 아닌데, 본능 수준에서 알아차렸나 보다. 여기는 서울이고, 서울말을 써야 튀어 보이지 않고 무탈히 살아갈 수 있다는 걸.

내 사투리는 나를 금방 떠나갔지만, 경상도 출신 남자 선배들은 몇 년이 지나도 그대로 사투리와 함께 살고 있었다. 아니, 내 사투리는 나를 떠나갔는데 왜 저 선배들은 그대로 갖고 있는 거지. 저 선배들도 "행님 해봐라"라는 말 듣나? 내가 맨날 "오빠야 해봐" 듣는 것처럼?

경상도 사투리를 여성이 쓰면 '오빠야', 남성이 쓰면 '행님.' 오빠야와 행님의 간극은 단순한 성별 차이가 아니었다. '오빠야'는 색다르고 이국적인 귀여움의 상징이었지만, '행님'은 권력, 터프함, 남성문화의 상징이었다. 여성이 말하는 경상도 언어에는 '귀여움'이 실리지만, 남성이 말하는 경상도 언어에는 힘이 실렸다. 한국의 전 대통령 여러 명이 공적인 자리에서도 사투리를 고치지 않았듯, 남성은 그래도 괜찮았다. 하지만 나는 안 되었다.

독서 모임 멤버들의 경험도 비슷했다. 운동권 전통이 진하게 남아 있는 대학 동아리에 들어갔을 땐 운동권 남성의 언어와 행동 양식을 그대로 재현해야 했다. 조금이나마 '여성적'인 행동이나 말은 할 수 없었다. 다큐멘터리를 찍고 싶어 특정 집단의 남성을 인터뷰하러 가면 인사말이 "담배 잘 빠네" 같은 성희롱이었다. 한국 출신 영어 강사인데도 '원어민 같은' 발음을 익혀야 했다. 우리가 익혀온 언어는 너무 나약해서 우리를 지켜주지 못했다. 우리는 새로운 언어를 익혀야 했다.

　더 힘이 센 언어를 익혀야 살아남을 수 있었다. 서울에 오자마자 서울말을 익혀야 했고, 운동권 전통의 동아리에 들면 운동권 남성의 언어를 써야 했고, 특정 그룹의 다큐멘터리를 찍기 위해서는 성희롱도 웃어넘기면서 집단에 녹아들기 위한 언어를 구사해야 했다. '원어민 같은' 발음을 구사해야 학생과 보호자의 신뢰를 얻어낼 수 있었다. 왜 외부의 기준을 가지고 나 자신을 평가해야 할까? 왜 나는 내 언어를 버리고 더 힘이 센 언어를 익혀야 하지?

## 주인의 도구로 주인을 겨누기

　"주인의 도구로는 주인의 집을 부술 수 없다." 흑인 페미니스트 오드리 로드의 말이다. 힘이 센 언어를 익힌다 해도 그 언어는 내 것이 아니었다. 서울말을 아무리 잘하게 되어봤자 서울 중심주의를 타파할 수는 없었다. 내 서울말 안에 아주 조금이나마 녹아 있는 경상도말을 찾아내는 사람을 만나면 당황스러웠다. 영어를 하는데 한국인 악센트가 녹아 있다는 걸 지적받은 사람의 감정이 이럴까. 서울말의 집 벽을 아무리 두껍게 짓는다 해도 나는 경상도 출신이었다. 오히려 서울말을 잘하면 할수록, 내 경상도 말을 더 부끄러워하게 되었다. 주인의 도구는 나를 주인으로 만들어주지 않는다. 오히려 주인의 도구를 충실히 휘두르는 노예가 될 뿐.

벨 훅스는 책에서 시인 에이드리언 리치의 말을 인용한다. "이것은 억압자의 언어지만, 당신에게 말을 건네기 위해서는 이 말이 필요하네."[7] 우리는 이 언어가 지배자, 억압자의 언어라는 걸 잘 안다. 그렇지만 이 언어가 아니면 우리의 말을 들어주지 않으니 이 말을 쓸 수밖에 없다. 경상도 말로 말을 걸면 내 말의 메시지보다 경상도 말이라는 형식이 더 튀어버리는 걸. 오빠야 해봐라, 블루베리 스무디 해봐라, 2의 e승 해봐라, 엄마랑 통화하는 거 들었는데 싸우는 거 아니냐, 진짜로 쌀을 '살'로 발음하냐. 나는 계속 내 말을 설명해야 했지만, 서울말을 내게 설명

해주는 사람은 없었다. 서울말이 너무 당연하니까. 누구
도 서울말을 설명해야 할 필요를 못 느끼니까. 힘이 센 언
어를 쓰는 사람은 자신의 언어를 설명하지 않아도 된다.
힘이 약한 언어를 쓴다는 건 항상 설명을 해야 한다는 뜻
이다.

벨 훅스도 표준영어를 비판하면서 이렇게 쓴다. "표준
영어는 이주자의 언어가 아니다. 정복자와 지배자의 언
어이다. 미국에서 표준영어는 우리가 결코 들어보지 못
할 다양한 배경을 지닌 공동체의 수많은 언어, 걸러Gullah
영어, 이디시어Yiddish, 그 밖의 수많은 방언들이 사라지는
것을 가려버린다."[8] 벨 훅스 역시 학계의 언어와 대중의
언어, '흑인영어'와 표준영어, 백인 페미니스트의 언어와
자신의 언어 사이에서 얼마나 많은 갈등을 겪어왔을까?
그 갈등을 겪어왔으니 이런 말을 쓸 수 있는 거겠지.

어쩌면《벨 훅스, 경계 넘기를 가르치기》는 벨 훅스가
경계에 선 사람의 시선으로 써 내려간 글 아닐까? 학생의
성장이나 내면에 관심을 가지지 않는 대학 교실에서 위
화감을 느끼고, 파울로 프레이리의 비판적 교육학에서도
성차별주의를 찾아내 문제를 제기하고, 이론을 삶과 떨
어진 지적 유희로 소비하는 학계의 사람들에게 "이론에
서 치유의 공간을 발견했다"[9]고 이야기하는 장면이 스쳐

지나갔다. 벨 훅스 자신도 자신의 언어와 자신의 집을 갖지 못해서, 경계인의 심정으로 이 문장을 썼겠구나. 언어는 존재의 집이지만, 우리는 집을 찾지 못했구나. 그래서 경계 위에 서서 표준영어를 내려다보며 이 문장을 썼겠구나.

마지막으로 벨 훅스는 이렇게 말한다. "우리는 억압자의 언어를 이용하여 억압자의 언어에 대항한다. 우리는 우리의 언어를 이용하여 대항 헤게모니를 만들어 언어로 우리 자신을 해방시킨다."[10] 그런데 어떻게 억압자의 언어를 이용해서 억압자의 언어에 대항하란 말이지? 오드리 로드는 주인의 도구로는 주인의 집을 부술 수 없다고 했다. 억압자의 도구로 억압자의 집을 부술 수 없다면, 억압자의 도구를 비틀어서 억압자의 언어에 대항해야 하는 걸까? 그런데 그건 어떻게 할 수 있는 거야? 주인의 도구를 비틀어봤자 결국 주인의 도구일 것인데.

그러나 언제나 문제를 풀기 위한 열쇠는 문제 바로 옆에 있는 법. 멀리 가서 생각할 이유가 없었다. 《벨 훅스, 경계 넘기를 가르치기》책 자체가 주인의 도구를 가져와서 주인을 겨누는 예를 그대로 보여준다. 이 책 안에는 사람을 질리게 만드는 인용 표시도 없고, 현학적 수사로 가득한 문장도 없고, 일반인은 들어보지도 못한 학술 개념도 없다. 벨 훅스가 딱딱하고 젠체하는 문장을 쓰지 못해서 그랬을 리가 없다. 쓰려고 했다면 훨씬 더 잘 썼을 것이다. 하지만 그래서는 많은 사람들에게 가닿을 수 없다. 벨 훅스는 주인의 도구, 즉 이론과 학술의 언어에 자신의 경험을 녹여 자신의 무기로 만든다. 이렇게 만들어진 벨 훅스의 언어는 자신들만의 성에 갇혀 있는 학계를 정확히 겨눈다. 당신들, 그렇게 해서는 많은 사람들에게 가닿을 수 없어. 너희의 언어로 너희들끼리 소통한다고 변화가 만들어질 수 없어. 나는 너희의 언어를 비틀어 소외된 사람들 모두가 읽을 수 있는 언어로 쓰겠어.

벨 훅스는 백인 페미니즘, 대학 교실, 프레이리의 비판적 교육학 어디에서도 자신의 자리를 찾지 못했지만, 바로 그 점 덕분에 이 집단에 대항하는 언어를 만들 수 있었던 거 아닐까? 자신의 집에서 가사 노동을 하는 흑인 여성을 지워버린 백인 페미니즘에도, 학생의 영혼을 보살피지 않고 지식만 주입하는 대학 교실에도, 의식화와 해방을 강조하지만 해방의 주체에 흑인 여성이 포함되는지 명확하지 않은 프레이리의 비판적 교육학에도. 벨 훅스는 이 집단에서 통용되는 언어를 익혀 이 집단에 대항한다. 힘이 센 언어를 익혀, 힘이 센 집단을 겨눈다. 주인의 도구를 가져와 주인을 겨눈다.

그 무엇도 안온한 내 집이 아니라면

어디서도 안온한 자신의 집을 찾을 수 없는, 그래서 경
계를 넘어다니는 게 일상인 사람들은 어디서든 비슷하게
느끼는 걸까? 벨 훅스는 미국인이지만, 태평양을 건너 한
국과 일본에서도 비슷한 말을 한 사람이 있었다. 한국과
일본의 페미니스트 조한혜정과 우에노 치즈코가 대담 형
식으로 쓴 《경계에서 말한다》라는 책에서 이 대목을 우
연히 마주쳤다. 우에노가 말한다. "적의 무기로 싸우는
것, 내가 그리고 우리가 해온 것은 이런 것이 아니었을까
요." 그것은 "'복종이 저항이고, 저항이 복종인 듯한' 실천,
적의 언어를 환골탈태해서 깊은 내부에서 적을 찌르기
위해 사용하는 비법"[11]이라고. 일본에 여성학이라는 학문
분과조차 없던 시절, 남성 중심의 언어로 점철된 학문의
언어를 익혀서 바로 그 남성 집단에 정면으로 대항하는
여성학을 만들어낸 선구자의 말이었다.

우에노가 덧붙인다. "두 개의 언어는 두 개의 서로 다른
리얼리티를 보여줍니다. 그 사이의 거리를 가늠하면서
스스로 매체가 되는 '번역'은 타인의 언어를 훔치면서 자
기의 언어로 바꿔놓는 배신 행위입니다."[12] 벨 훅스도 우
에노 치즈코도 그 자신이 매체가 되어, 적의 언어를 훔쳐

우리의 언어로 바꿔놓는다. 벨 훅스의 글은 '표준영어'로 쓰였지만, 표준영어를 통해 표준영어가 지워왔던 것들을 생생히 살려낸다. 표준영어 안에는 녹아 있지 않은 흑인 여성의 경험을 끌어내, 표준영어 안에 실어 전 세계 모든 사람에게 이야기한다. 벨 훅스는 표준영어에 복종하는 것 같지만 저항하며, 표준영어를 자신의 언어로 만들어 자신의 메시지를 실어 보낸다. 우에노 치즈코 역시 남성 중심의 학술언어를 가져와서 여성학을 만들어내고 여성운동을 이끈다.

야에야마어 연구자처럼, 우리는 여러 언어로 여러 집을 넘어다니며 산다. 지방 여성의 언어로 지은 집, 서울말을 재료로 지은 집, 상대방을 자극하지 않기 위한 언어로 지은 집, 사회에서 요구되는 여성상을 재현하는 언어로 지은 집, 외국어를 재료로 지은 집 등등. 어느 한군데도 마음 편한 곳이 없고, 계속 이 집 저 집을 넘어다니며 살아간다. 우리가 모어라고 믿어 의심치 않는 언어조차도 가끔 우리를 배신하기도 한다. 한국어에 녹아 있는 수많은 여성혐오 표현을 눈치채지 못했듯.

이 틈새에 서 있는 건 여러 세계 어디에서도 완전히 속하지 않고, 어디에서든 묘한 흔들림과 균열을 느끼는 거구나. 그리고 《벨 훅스, 경계 넘기를 가르치기》가 이야기하는 '경계 넘기'도 이런 거구나. 여러 언어로 여러 집을 짓는 것. 집과 집 사이를 넘어다니며 사는 것. 집 사이사이에 서서 여러 관점으로 집을 관찰하고, 수리하고, 가끔은 때려 부수기도 하는 것. 집 안에 안온히 머무르면 영원히 알 수 없지만, 집 사이에 서야만 알 수 있는 불안정한 상태를 있는 그대로 받아들이는 것.

그러나 우리는 이 언어의 불안정한 틈새에 서 있기에 비로소 언어 "사이의 거리를 가늠"하고, "스스로 매체"가 되어서, 지배자의 언어를 "훔치면서" 우리의 언어로 탈바꿈할 수 있는 거였다. 번역은 배신 행위다. 아주 통쾌한 배신 행위. 지배자의 언어를 전복해 지배자를 찌르고, 우리의 메시지를 실어 보내는 유쾌한 배신.


## 지배자의 언어로 모두를 위한 집을 짓기


미국에 살 때는 대학만 있는 작은 마을에 살았고 영어도 잘했으니 차별이라고 할 만한 걸 느껴본 적이 거의 없었는데, 일본에 떨어지자마자 외국인 차별이 훅 숨을 조여왔다. 살 집을 계약할 때 외국인은 아예 계약이 불가능한 곳이 많았고, 서투른 일본어로 일본인과 대화하고 있을 때 옆 테이블의 여자들이 쓰레기라도 보는 것 같은 시선으로 나를 계속 쳐다보기도 했다. 미국에 사는 동안 잊고 있었던 동아시아의 성차별도 훅 다가왔다. 외모에 대한 말을 아무렇지도 않게 하는 문화, 여성은 반듯하고 정제된 언어를 써야 하지만 남성은 거친 말을 쓰는 게 더 장려되는 문화. 새삼스레 다시 느꼈다. 아, 동아시아는 한국이나 일본이나 똑같군.

일본에 오게 된 후, 몰라도 생활할 수 있는 일어를 굳이 배운 이유는 일본어에 없는 차별과 다양성의 이야기를 일본어로 하고 싶어서였다. 미국에서 일본으로 온 이후 일본 대학에서 영어를 가르치는 한국인이 되어 매일같이 제1언어, 2언어, 3언어를 넘어 다니며 살게 되었다. 영어로 이런 차별의 이야기를 전달하면 전해지지 않는다. 일본 학생들의 영어 실력이 높지 않고, 영어로 하게 되면 거리감이 생기기 때문이다. 자기 자신의 일이라고 느낄 수 있도록 자신이 친근하게 느끼는 언어와 환경에서부터 시작해야 했다. 책만 읽는 뻔한 영어 수업을 넘어서, 언어 사이의 틈새에 서보는 경험과 문화 사이의 경계에 서는 경험을 수업으로 가져오기 위해서는 일본어가 꼭 필요했다.

"여러분, 일본 사회는 남과 다르면 안 된다는 동조 압력이 아주 큰 사회라고 혹시 들어보셨어요? 저는 외국인이라 잘 느껴본 적은 없습니다만, 수업에서 이런 질문을 던지면 아무도 답을 하지 않는다는 점에서 '수업에서 손들고 질문을 하거나 답을 하는 등 튀면 안 된다'는 압력이 있는 것만은 잘 알겠습니다. 여러분, 일본인이라고 하면 보통 어떤 이미지인가요? 여러분의 머릿속에 떠오르는 '일본인'의 이미지를 지금 잠깐 종이에 그려보시겠어요?

예, 종이를 일단 옆에 두고 이제 오늘의 읽기자료를 봅시다. 오늘의 자료는 뉴욕타임스 기사예요. 뉴욕타임스는 어디의 신문이죠? 예, 미국 신문입니다. 그런데 오늘 읽을 기사는 미국에 대한 게 아니라 오사카에 사는 일본인 여학생에 대한 이야기입니다.[13] 이 학생은 태어날 때부터 머리카락이 갈색이었다고 해요. 고등학교에 갔더니 교칙으로 검은 머리만 허용하고 있어서, 처음에는 검게 염색을 했다고 합니다. 그런데 여러분 아시죠, 염색 계속하면 머리도 많이 상하고 두피도 안 좋아지는 거. 학생도 그래서 염색을 그만두게 되었는데, 학교가 계속 염색을 하라며 학생의 책상도 빼버리고 수학여행도 못 가게 했다고 합니다. 그래서 소송을 걸었다고 해요.

자 여러분, 방금 그린 일본인 그림을 꺼내봅시다. 여러분의 그 일본인은 이 오사카 학교의 교칙을 문제없이 통과할까요? 여러분의 일본인은 혹시 곱슬머리이지는 않나요? 머리를 펼 필요는 없나요? 다행입니다. 자 그럼 여러분, 이분 아시죠. 테니스선수 오사카 나오미 씨입니다. 아이티 출신 아버지와 일본인 어머니 사이에서 태어났죠. 이분은 이 학교에 다닐 수 있을까요? 이분도 일본인이잖아요.

자 그럼, 여러분 그림에 있는 일본인을 미국으로 옮겨봅시다. 미국은 20세기 초중반까지 흑인과 백인은 같은 학교에도 갈 수 없었습니다. 여러분의 그림에 있는 일본인은 백인을 위한 학교에 들어갈 수 있을까요? 흑인을 위한 학교는요? 어떻게 판단할 건가요? 모든 학생은 학교에 가야 합니다. 교육받을 권리가 있으니까요. 그런데 어느 학교에 갈 수 있을까요?

이제 다른 기사를 하나 읽어봅시다. 이 기사는 성별중립 교복을 도입한 학교 이야기를 해요.[14] 여기 그림을 보시면 좀 더 와닿을 거예요. 누구나 치마도 바지도 입을 수 있고, 넥타이도 리본도 좋아하는 대로 골랐죠. 학생들의 헤어스타일도 제각각이에요. 곱슬머리도 있고 머리가 긴 학생도 있네요. 여러분 그림의 일본인은 이 학교에 갈 수 있을까요? 오사카 나오미 씨는요? 그리고 만약에 미국에서 온 흑인과 백인 학생이 있다면 이 학교에 다닐 수 있을까요? 여기서 이 교칙 때문에 배제되는 사람은 누가 있을까요?

여러분, 우리가 새로운 언어, 또 특히 영어를 배우는 이유는 이렇게 문화 중간에 서보기 위한 거라고 생각해요. 한국어를 배우면 보통 한국인과 대화하게 되고 중국어를 배우면 중국인과 말하게 되지만, 영어를 배우면 영어를 제1언어로 하지 않는 거의 모든 사람들과 대화할 수 있잖아요. 그러다 보니 다른 외국어처럼 그 나라에 속하게 되는 게 아니라, 온갖 문화의 경계에 서볼 수 있는 것 같아요. 그렇게 경계에 서는 경험을 반복하다 보면, 내가 지금까지 일본에서 태어나 자라나면서 당연하다고 생각했던 것들이 다 깡깡 깨지기도 하고, 정말로 내가 원했던 내 자아상을 만들어갈 수도 있는 것 같아요."

내가 일본어를 배워서 할 수 있는 이야기는 이런 거였다. 외국인이라고 집도 빌려주지 않고, 서투른 일본어를 한다고 쓰레기 보듯 하던 지배자의 언어를 가지고 오기. 그런 다음에 모든 사람이 함께 편안할 수 있는 언어의 집을 지으려고 노력이라도 해보기. 지배자의 언어를 유쾌하게 배신해서, 지배자를 포함한 모두를 위한 집을 지어보기.

## 유쾌한 배신을 이어 달리기

언어는 존재의 집이다. 그러나 우리의 언어는 우리와 자주 어긋났다. 우리의 언어는 권력자와의 관계에서 우리를 충분히 지켜줄 수 없었고, 우리의 언어 자체가 우리를 배신하기도 했다.

주인의 도구로는 주인의 집을 부술 수 없었다. 권력자의 언어를 쓴다 해도 우리가 권력자가 될 수 있는 건 아니었으니까. 그건 빌려온 것에 불과했고, 권력자 흉내를 내는 건 우스꽝스럽기까지 했다. 이 언어는 억압자의 언어지만, 세상에 말을 건네려면 이 언어가 필요했다. 우리의 언어로 말을 건네면 귀 기울여 들어주지 않으니까. 하는 수 없이 권력자의 언어를 빌려 쓰고 사뭇 진지한 듯 세상에 말을 건네야 했다. 그래야 누군가가 들어주니까.

이 억압자의 언어를 비틀어 억압자의 언어에 대항한다. 지금까지 우리 여성들은 유쾌한 배신을 이어왔다. 우리를 옥죄어왔던 여성혐오 언어를 바꾸어 내놓기도 했고, 남성 위주의 학계 언어로 남성 집단을 반격하기도 했고, 표준영어가 지운 사람의 목소리를 표준영어를 통해 내기도 했다. 우리 언어로 지은 세계가 안온하고 평안했다면 일어나지 않았을 일이다. 우리는 여러 언어로 여러 세계를 지었고, 그 세계의 경계를 넘어다니며 틈새의 지혜를 익혔다. 틈새에 서서 억압자의 언어를 외부자의 시선으로 바라볼 수 있었고, 그 덕분에 어디가 급소인지도 파악할 수 있었다. 익혀왔던 억압자의 언어를 이용해 억압자의 급소를 찌르며 유쾌하게 배신하기도 했다.

방열이 하나도 되지 않아 얼어 죽을 것 같은 일본 집에서 생각한다. 내 언어로 지은 집에 내가 편안히 존재할 수는 없었지. 그래서 여러 집을 지었고, 계속 이 집 저 집의 경계를 넘어다니며 살아가고 있는 거구나. 경계를 매일같이 넘어다니는 삶에는 불안과 균열이 덕지덕지 붙어 있지만, 오히려 이 불안과 균열 덕분에 집 하나하나에 무엇이 어긋나 있는지 알 수 있는 거구나. 내 앞을 걸어간 여성들의 유쾌한 배신을 이어 달릴 용기도 여기서 오는 거구나.

《당신의 자리는 어디입니까》

*Where We Stand: Class Matters* (2000)

# 우리가 겨우
# 계급에 대해 말하기까지

김은지

"침묵을 깬다는 것, 그러니까 계급에 대해 이야기하고
우리가 서 있는 자리를 살펴본다는 것은
부와 풍요로움을 모두가 함께 나눌 수 있고,
정의가 개인의 삶과 공공의 삶 모두에서 실현될 수
있는 세상으로 나아가는 중요한 발걸음이다."

—《당신의 자리는 어디입니까》, p.9

책 소개

2023년의 유행을 돌아본다면 최신 유행의 키워드는 단연 'Y2K(1990년대 말~2000년대 초 스타일)'였다고 할 수 있다. 네 컷 사진관 주변에 자리한 옷가게에는 2000년대 패션을 그대로 보여주는 의류와 잡화가 가득했고 10~20대들에게는 디지털카메라와 캠코더 같은 전자제품까지 큰 인기를 끌었다. 공교롭게도, 그해 새로운 제목과 옷을 두르고 복간된 이 책《당신의 자리는 어디입니까》가 미국에서 처음 출간된 것도 2000년이다.

　이 책을 통해 벨 훅스가 전하려 했던 메시지는 단 하나, 계급에 대해서 말해보자는 것. 왜 계급에 대해 이야기해야 하느냐 하면, 우리는 계급에 대해 제대로 말해본 적이 없기 때문이라고 한다. 어딘가 엉성해 보이는 이 말에 내가 팔짱을 끼고 등을 돌리려 할 때, 벨 훅스는 본인의 상처를 꺼내 보였다.

　먼저 그는 빈곤과 인종차별에 시달렸던 어린 시절 이

야기부터, 가난한 노동계급 출신으로 엘리트 코스를 거쳐 계급 이동을 하면서 세상의 편견을 온몸으로 겪어내야 했던 외로움과 고통을 털어놓았다. 나는 이런 고통을 겪어야 했다고, 이런 일들이 수치스러웠다고, 또 이게 내 잘못이었다고 토해낸다. 그의 고백 앞에서 우리는 그저 듣게 된다. 들으면서 나는 어떻게 살아오면서 무엇을 누리고 누리지 못했는지를 떠올리게 되고, 현재 내 형편을 이야기하려거나 앞으로 어떻게 살고 싶은지를 이야기하려다 보면, 혼란스러워 입을 닫게 된다.

이 독서 모임에서 나는 짧지 않은 시간 동안 여성혐오나 인종차별 등에 대한 여러 입장 차이와 반성, 상처를 공유하면서 이 공간이 나에게 안전하다는 느낌을 쌓아왔다. 그런데도 계급에 대해서 말해보려던 날에는 내 안에 꽉 찬 어지럽고 수치스러운 생각들이 새어 나올까 봐 입을 꽉 닫게 되었다. 이후 다른 책들로 진행된 독서 모임에 참여하는 내내 나는 그 불편한 감각과 생소한 경험을 오래 곱씹었다. 그 때문에 나는 미국에서 흑인, 여성, 노동계급 출신으로서 말하기를 멈추지 않았던 벨 훅스의 두려움과 진심을 느낄 수 있었다. 그의 고백에서 느껴지던 무게는 그가 눈물로 눌러 담은 용기 때문이었다는 것을 깨달았다.

2000년에 처음 출간된 이 책이 Y2K 재유행의 시대를 전 세계적으로 맞이한 이때 한국에서 복간됐다는 데에는 아무런 관계가 없을 것이다. 그런데 책에서 당시 미국의 세태를 인종-계급-젠더를 넘나들며 비판하는 부분으로 접어들기 시작하면 우리는 20년 전에 쓰인 글을 지금 한국에서 구구절절 공감하며 읽고 있다는 사실에 암담해진다. 벨 훅스는 신자유주의의 위세와 함께 비정규직은 국가 표준이 되어가고 빈부격차는 갈수록 심화되는데 기득권은 복지제도와 그 수혜자들을 정성들여 악마화하는 현실에 개탄한다. 심각한 사회적 불평등은 결국 빈곤계층을 기아, 범죄, 마약의 세계로 밀어 넣어 죽음에 이르게 하므로 이들을 방치하는 것은 계급 학살과 다르지 않다고 강조한다. 이 책이 오늘 자 신문의 논평처럼 읽히는 것은 어느 페이지를 펴도 마찬가지였다. 오늘날의 새로운 특권층은 정치적으로는 진보를 표방하지만 경제적으로는 보수주의자가 되어버렸다고 한다. 이런 현실을 비판해야 하는 좌파 지식인들조차 그들의 세계에서만 통용되는 언어 안에서 외부를 배척한다. 언론은 이에 한 팀이 되어 부자들이 얼마나 힘들고 외롭고 돈이 없는지를 읍소해준다. 돈이 없으면 목소리도 빼앗기는 세상에서 언론은 발언권이 없는 빈곤계층에게 기득권의 이데올로기를 주입하는 것이다. 가난을 수치로 교육하는 데에 성공해 버린 사회에서는 돈에 대한 탐욕만 있다면 아무리 가난한 사람도 자신을 부자와 한편이라고 느끼는 현실을 함께 직시해야 한다고 그는 썼다.

Y2K의 다음 유행으로 전 세계에 자리 잡은 '올드머니 룩'은 집안 대대로 부유해서 신흥부자와는 구별되는 '진짜 부자'들의 럭셔리 스타일이라고 한다. 가난한 어린 시절부터 계급 상승을 이룬 한참 후까지도 옷에 대한 욕심을 놓지 못했던 벨 훅스가 올드머니 룩이라는 소리를 들었다면 뭐라고 했을까. 그는 사회가 인종차별, 성차별을 큰 소리로 비판하면서도 계급에 대해 함구하는 것은 우연이 아니라고 강조했다. 계급 문제는 삶의 모든 부분과 관련되기 때문이다. 또 그는 서로 돌보며 나누는 삶은 나약한 것이 되고 탐욕은 마땅히 추구해야 할 것이 된 세상에서 계급이 인종 연대나 페미니즘을 어떻게 약화시키는지를 힘주어 이야기한다. 인종과 젠더 문제가 덜 중요해서가 아니라, 계급을 함께 이야기해야 인종차별과 성차별도 더 선명하게 파악할 수 있기 때문이다.

물고기가 물을, 인간이 공기를 인지하지 못한다는 이야기는 나에게 언제나 새삼스럽다. 수조에 가득한 가부장제를 감각하게 해준 것, 이 수조 바깥의 세상에서 나는 내가 원하는 모습과 방법으로 존재할 수 있다고, 어디든지 갈 수 있다고 알려준 것이 페미니즘이다. 그리고 내가 소비자본주의 바깥의 호흡을 상상하지 못하고 신자유주의 안에서 스스로를 고립시킨 채 숨 쉬고 있다는 것을 일깨워준 것은 페미니스트로서 계급을 다시 이야기하자고 하는 이 책이다. 그의 말대로 단 한 번도 제대로 이야기된 적 없이 사라져버린 게 계급 담론이라면, 나는 이 책이 다시 돌아온 것을 기회 삼아 함께 어려운 입을 떼어보자고 말하고 싶다. 계급과 돈에 대해 이야기하면서 돈을 벌고 가진 것을 나누는 새로운 태도나 방법을 상상해보는 것이 계급 엘리트주의에 도전하며 공동체를 가꿀 수 있는 첫걸음이라는 그의 말을 나는 두 번 의심하지는 않으려 한다.

예언서야 뭐야

"언젠가 부가 재분배되는 날이 꼭 찾아올 것이다. 전 세계의 노동자들이 경제 정의를 위해, 누구나 충만하고 행복한 삶을 살 수 있을 만큼 소유할 수 있는 세상을 위해 다시 한 번 똘똘 뭉치는 날이 꼭 찾아올 것이다."[1]

종이를 앞뒤로 넘겨가며 다시 확인해도 이게 마지막 페이지의 마지막 문장이 맞다. 그런 날이 반드시 올 거라니? 내가 읽은 것이 예언서는 아니었는데. 20여 년 전에 날아온 메시지가 원망스럽다. 어떻게 살아야 하는지는 도통 모르겠으나, 더 이상 이대로 살 수는 없다는 것만이 분명한 시대에 이런 소리라니.

거의 모든 것이 위기라고들 하는 위태로운 시대를 살고 있다. 걱정의 우선순위를 어떻게 매기든 자본주의의 탐욕으로 인한 기후위기 앞에서는 무엇이든 한가롭고 팔자 좋은 소리가 되어버린다. 인간이 얼마나 서로 반목하고 파편화되든 상관없이 기후위기 앞에서야 우리는 드디어 '우리'가 된다. 그런데 요즘 뉴스를 보면 한반도의 사람들이 기후난민이 되기 전에 한국이 소멸하는 순서가 먼저일지도 모르겠다는 생각이 든다.

　미국의 정치철학자 낸시 프레이저는 자본주의를 이집트와 그리스 신화에 등장하는 우로보로스에 비유했다.[2] 자연과 사회 재생산 활동에 의존하면서도 이를 공짜 취급하며 무임승차하는 자본주의의 작동 원리이자 태생적 한계를 비판하기 위해서다. 우로보로스는 자기 꼬리를 물고 삼키는 커다란 뱀 또는 용의 형상을 한다. 자연을 수탈하고 인간을 착취하여 제 몸집을 키우려 하지만 몸이 자라는 것보다 머리가 꼬리를 삼키는 속도가 더 빠른 생명체. 이것을 그려보면 전 세계에서 전례 없이 빠른 경제 성장을 했다는 한국이 이제 세상에서 가장 빠른 속도로 사라질 것이라는 전망이 놀랍지 않다. 비서울 지역의 환경을 수탈하고 여성을 착취해 잠시 동안 성장했던 한국은, 아니 서울은 더 이상 깎아먹을 제 살이 없다.

　'외국인'에게 이런 나라의 언어를 가르치는 내 직업을 생각해본다. 이 독서 모임을 시작할 즈음 정신을 차려 보니 제일 위기인 것은 내 인생이더라. 이리저리 계산기를 두드려 얻은 답은 내가 주제넘는 직업을 골랐다는 것. 서울에 집도 원가족도 없고, 정규직인 법적 남성 배우자도 없는 내가 4대 보험은커녕 건강보험도 퇴직금도 없는 10주짜리 계약을 반복하는 삶을 지속하려 했다니. 어서 '갓생'을 살며 돈 벌 궁리는 안하고 이 와중에 독서 모임이라니.

내가 진행하기로 한 회차의 책은 《당신의 자리는 어디입니까》의 구판인 《계급에 대해 말하지 않기》였다.[*] 그런데 읽어보니 자꾸 '계급에 대해 말해보자'는 소리를 반복하는 책이 아닌가. 예언 같은 마지막 문장을 남기고 떠나버린 벨 훅스는 '희망을 가져라', '공동체가 중요하다', '나누는 것이 중요하다'는 얘기들로 각 장을 닫는다. 내가 내놓을 것은 불안뿐인데 무얼 더 나누라는 건지. 이런 생각을 떨치지 못하고 참여했던 독서 모임에서 내가 얼마나 아무 말도 못했는지와 그 이후의 이야기를 남겨보려 한다.

---

[*]  모임을 진행한 당시는 벨 훅스의 책이 《당신의 자리는 어디입니까》로 복간되기 전이었다.

지금 여기서 계급이라니

이 책으로 진행될 독서 모임을 앞두고 있었을 때 나는 여러 면에서 회복의 시간을 가진 후였다. 한동안은 꼭 필요한 조치라고 판단하여 사람들이 '경제활동'이라고 쳐줄 만한 일들을 모두 멈췄다. 기억이 흐릿한 그 시기를 지나오는 동안 나에게 큰 의지가 되었던 두 가지는 통장 잔고, 그리고 페미니스트 페다고지와 관련된 논문을 읽는 모임이었다. 그 논문 읽기 모임은 내가 언제까지고 미뤄두고 싶은 현실의 문제들을 잠시 모른 척하고 납작한 글자들 위로 펼쳐지는 이상과 당위의 세계로 도망갈 수 있는 곳이었다. 페미니즘과 교육에 대해 제각기 고민하다 우연히 만난 사람들이었기에 전공이나 활동 영역이 모두 다르고 서로에 대해 시시콜콜하게 아는 것도 없었지만, 교육활동을 해온 한국인 여성으로서 다양한 경험적 공감과 고민을 주고받던 곳이었다.

그런데 잘 알지도 못하는 사람들과의 새로운 독서 모임에서 내가 담당할 책의 주제가 '계급'이라니. 내가 너무 모르는 문제인데, 역시 처음부터 끼지 말걸 그랬나. 내가 이 독서 모임을 제안받았을 때 망설였던 것은 그것이 이래저래 나에게는 주제넘는 일로 여겨졌기 때문이다. 지난 논문 읽기 모임에 참여했으면 됐지, 아직 벌이도 없고 여러 일도 정리되지 않았는데 한가롭게 이런 데에 시간을 쓰려 하다니. 게다가 벨 훅스를 좋아한다는 사람들 틈에서 너 혼자 '일반인'이라고, 잘 알지도 못하지 않느냐고 스스로 눈치를 주던 중에 모임이 시작되었다.

> "저는 계급 차이를 가장 뚜렷하게 느끼고 불편했던 곳이 비행기였어요. (…) 누군가는 '비행기는 공평한 공간'이라고 하더라고요. 직급, 성별, 장애 여부고 뭐고 다 상관없이 돈만 있으면 되는 자본주의 끝판왕의 공간이니까 오히려 공평하다는 주장이었죠. 계급주의, 능력주의, 자본주의 등을 뒤틀어서 보는 저런 시각도 있구나 생각했어요." (레일라)

나는 생각해본 적 없던 이야기를 들으니 고민 없이 이코노미석을 결제했던 순간들이 새삼스럽다. 벨 훅스는 어릴 때부터 인종과 계급의 틈에서 골몰해왔다지만 나는 최근에야 마주하기 시작한 문제였다. 어릴 적 내 머릿속 단어장에서 '계급'과 가장 비슷했던 단어는 '주제'였을 것이다. 엄마가 아껴 써야 한다, 사치를 경계해야 한다는 이야기를 할 때 종종 '사람은 주제를 알아야 된다'고 했으니까.

"소비와 과시의 문화가 사람들한테 더 많이 스며든 것 같아요. 이제 교실에서도 느끼거든요. 5년 전에 학생들이 명품 브랜드 이름을 얘기하는 걸 우연히 듣고 되게 낯설다고 느꼈어요. '5학년 학생들이 저런 걸 다 아는구나' 그런 생각을 했던 것 같은데 작년, 올해 들어서는 더 자주 느끼는 것 같아요. 학생들이 명품과 관련된 기호에 훨씬 더 민감해졌다는 걸 느끼고…" (장재영)

5, 6학년쯤이었을까. 나는 '엄마 아빠는 형제자매가 많아서 좋아 보인다'고 했고 엄마는 '없는 집에 형제 있어봤자 속만 썩는다'고 한숨을 쉬었다. 나는 우리 집이 '없는 집'이라는 말에 의아했던 것을 아직 기억하고 있다. 90년 대생인 내가 초등학생일 때는 요즘처럼 인터넷으로 수많은 사람들의 사생활을 볼 수 있던 시대가 아니었기 때문에 '부자'나 '가난한 사람' 같은 말이 내겐 '화성'이나 '브라질'과 비슷한 말이었다. 존재한다고는 하지만 직접 본 일은 없는 단어. 게다가 나는 엄마들은 늘 집에 있고 아빠들은 같은 직장을 다니는 동네에서 쭉 자란 어린이였다. 친구 집에 놀러가도 집 구조가 똑같고 인테리어가 비슷비슷한 곳. 전국의 '없는 집' 자식들이 일자리를 찾아 공장으로 모여든 곳이 그런 동네라는 것을 알게 된 것도 얼마 전이다.

제 자리는 어디입니까

벨 훅스가 계급 차별을 가장 뼈저리게 겪은 시기는 대학생 때였다고 한다. 돌아보면 나와 친구들은 대학생이 되어서도 출신이나 계급에 대해 얘기하는 걸 재미없는 것으로 여겼다. 2015년쯤부터 한참 유행했던 '수저론'에도 큰 관심이 없었다. 젊은이가 가진 게 없는 건 당연한 것이고, 부모가 가게를 차려주거나 회사에 꽂아주는 건 '능력' 없거나 '공정'하지 못한 일이라고 여겨서 부러워해본 적이 없었을까. 실제 주변에서는 본 적 없는 일이어서 그랬을지도.

그러다 얼마 전, 살면서 누구나 그렇듯 잠시 어려움을 겪었다. 그때에서야 '있는 집 애들'이 달리 보이기 시작한 것은 그들이 나와 같은 일을 겪고도 어떤 유무형의 자원을 사용해 자신을 보호하고 회복하는지를 알게 되었기 때문이다. 다음으로 집안에 찾아온 병病과 사死, 그 이후의 일들을 통과하면서 내 손에 닿지 않는 특권들이 구체적으로 그려졌고 곧 즐겁지 않은 상상이 들이닥쳤다. 어떤 방식이나 형태로든 여유가 좀 더 있었다면 덜 했을 자책, 소중한 사람에게 한 번 더 참을 수 있었던 못된 말, 한 번만 더 해볼 수 있었을 시도, 단축할 수 있었을 시간과 힘들이지 않고 얻었을 정보, 내 욕구를 죄책감 없이 마주볼 수 있는 표정, 더 멀리 볼 수 있었을 시야⋯⋯. 못 먹고 못 입고 자랐던 벨 훅스가 처음으로 훔치고 싶은 마음이 들 만큼 갖고 싶었던 게 옷이었다면 내가 훔치고 싶었던 건 그런 것들이었다. 무언가 달라도 달랐을 만약의 장면들. 벨 훅스가 '지금은 가난하지 않지만 일자리를 잃으면 당장 내일이라도 빈곤층으로 전락할 사람', 그런데도 '자신이 어디에 서 있는지 모르는 사람'이라고 썼던 것이 나를 부르는 말이었나.

"제 위치는 어디인가, 대체 이 많은 게 다 뭐고 내가 어디에 서 있는지를 모르겠어요. 솔직히 저는 제가 경제적으로 그렇게 여유 있다고 생각이 안 드는데, 밖에서 보면 제가 여유 있는 사람이거든요. 저는 오히려 본가가 수도권에 있는 그 친구가 부러울 때도 있어요." (조은)

"벨 훅스가 '나는 가정을 만들고 집을 나만의 성소로 만드는 일이 무척 중요했던 반면 남편은 그런 일에 관심이 없었다'는 얘기를 하는데요. 사람들이 좋게 말해서 결혼은 '두 집안이 만나는 일'이라고 하지만 이 책의 관점에서 보자면 결국 결혼은 두 계급이 만나는 일인 건가, 남편과 내가 만든

우리 가정에 계급이라는 게 있다면 그건 내가 만든 건가 남
편이 만든 건가…?" (김동진)

모임에서도 비슷한 이야기들이 나왔지만 나까지 내 위
치를 모르겠다는 소리를 할 수는 없었다. 내 부모님은 노
동계급이지만 나는 가난이라고는 모르고 컸다. 수학여행
은 당연히 가는 거였고 브랜드 교복도 당연히 사는 거였
다. 갈 수만 있다면 대학도 당연히 서울로 가는 것. 서울
에 와선 조금씩 다양하게 열악한 주거 환경을 경험하면
서도 오래 울적한 적이 없었다. 방값은 내가 아니라 부모
님의 몫이었고, 본가에 가면 해가 잘 들고 산책로가 가까
운 아파트에서 잘 수 있었으니까. 이런 내가 내 위치를 모
르겠다는 말을 해도 될까? 내가 성인이 된 후에도 건강하
게 경제활동을 하신 부모님 덕에 나를 우선하는 선택을
하며 살아온 주제에.

평소 독서 모임에서 그렇게나 말 많던 사람들이 가장
조용한 회차였으니 다들 비슷한 마음이었던 것 같다. 나
만 혼란스러운 게 아니라면 다행이었지만 벨 훅스의 주
문처럼 정말로 '허심탄회하게' 말해보는 건 안될 일이었
다. '구조적 성차별은 없다'고, '호남 혐오가 어딨냐'고, '인
종차별 문제는 한국에 '아직' 없다'고 하는 말들에 얼마나

기가 찼던가. 잘 알지는 못하지만 다양한 배경을 가지고 있을 사람들 앞에서 나의 무지로 상처가 되는 말을 할까 봐 쉽사리 입이 열리지 않았다. 일단 이 안에서 만만한 대학 이야기로 시작했다. 학생이 학업과 아르바이트 또는 조교 근무를 병행하는 것을 한심하게 여기는 교수 이야기로 대화에 활력이 돌았다. 듣다 보니 대학원 면접장에서 '부모님이 지원 못 해주면 들어오지 마라', '여기는 아르바이트하면 안 된다'는 말을 들었다던 내 주변의 이야기 정도는 충격적인 축에 끼지도 못한다는 걸 알게 됐다.

"과거에 힘들었던 걸 추억하면서 얘기하는 건 쉽잖아요. 계급에 대한 이야기도 힘든 시절을 이미 지나온 사람들만 말하는 경향이 있고…. 아주 잘사는 사람들 틈에서 내가 소외감을 느꼈던 얘기는 사람들이 비교적 자유롭게 하지만, 그 반대의 경험에 대한 이야기는 생각이 나도 입을 다물게 되고요…." (김은지)

계급 감수성이 부족해 상대에게 상처준 적이 있냐는 질문을 하기 위해 나는 말을 저렇게나 늘어뜨렸다. 이야기가 길게 이어질 수 있을까? 그래봤자 서울에서 나고 자랐거나 서울 또는 해외에서 공부할 수 있었던 우리들이 모여서 할 수 있는 대화의 깊이에 의심부터 들었다.

> "독일에 오래전에 광부로 가신 분들이요, 수십 년을 살아
> 도 여전히 독일어를 못 하세요. 그래서 병원이나 행정 업
> 무를 전혀 처리 못 하시니까 한국인끼리만 모여서 사시고
> 요. (…) 제가 '이분들은 왜 평생 독일에 살면서 독일어를
> 배우지도 않고 모여서만 사느냐'는 말을 했어요. 독일에
> 광부로 오신 아버지를 둔 친구가 '너는 공부를 하러 이곳
> 에 온 거지만 그분들은 생계를 위해 오셨고, 일을 시작하
> 기 전에 독일어를 배울 기회 자체가 없었다'고 말해준 걸
> 듣고 되게 충격을 받았어요. 제 시야가 얼마나 편협했는지
> 를……. 저는 학부 때 경제적으로 굉장히 힘든 시기를 겪
> 고 학교에서 되게 소외감을 느껴서 제 계급적 지위가 높
> 지 않다고 생각했었고, 나름 학생운동도 했고 이런 문제에
> 깨어 있다고 생각했는데 너무 부끄러웠던 기억이 있어요.
> (오혜민)

이 이야기를 시작으로 우리는 계급과 성별, 지역, 언어
권력, 문화자본 등이 이리저리 얽혀서 고민했던 경험을
조심스럽게 하나씩 꺼냈다. 나의 사정이 아닌 이야기를
분석이나 반성의 목적으로 대상화하지 않고 이야기하는

것에 자신이 없어서 결국 삼킨 말도 많았다. 그날의 길고 잦았던 침묵을 깨고 나누어준 말들은 진행자로서도 참여자로서도 고마웠다. 그러나 마지막에 같은 집안에서도 딸과 아들이 인식하는 계급이나 집안 사정 같은 것들이 얼마나 다른가와 관련된 성차별을 이야기할 때서야 참여자들의 목소리가 평소의 활기를 찾고 끝이 났던 것이 못내 아쉬웠다.


## 모든 것 그 이상으로서의 계급

대학에 소속된 언어교육원에서 학생들을 만나고 있을 때였다. 열다섯 명이 넘는 그 반 구성원들의 출신국이 5개국이었기 때문에 별게 없을 것 같은 날씨 주제로도 다양한 이야기를 할 수 있었다. 남반구와 북반구 출신의 학생들이 섞여 본국에서의 옷차림이나 생활상 등을 발표하면서 교실 분위기가 한껏 들떴다. 이 에너지를 놓치고 싶지 않아서 화면에 위성지도를 크게 띄우고 각국의 유명한 관광지로 이동했다. 발전한 기술 덕분에 줌인을 하면서 "선생님, 저기 제 학교예요. 옆에 제일 맛있는 식당이에요" 하는 대화도 가능하다. 화면에서 명확하게 보이지 않더라도 학생들은 대부분 자기 고향집이 어디쯤에 있는지 알려주고 싶어 하며 즐거워했다.

다음 학생이 도시 이름을 말해줬고, 나는 검색창에 신속하게 입력했다. "네, 저기 제 집이에요." 나는 줌인을 하면서 생각했다. '지붕이 파란색인가……?' 위성지도로도 파란 수영장과 넓은 정원이 보이는 저택이라는 걸 깨달았을 때 쾌활한 학생 한 명이 벌써 "오~" 하고 있다. 나는 태연한 척 마우스휠을 굴려 줌아웃을 하면서 재빨리 다시 남반구의 여름 얘기로 돌아갔다. 앞으로는 위성지도를 제한적으로만 사용해야겠다고 생각하면서.

나는 다음 순서로 손을 미리 들고 있었던 학생이 손을 내린 이유가 오래 신경 쓰였다. 수영장이 딸린 대저택 항공뷰를 보고 다른 학생들이 혹시나 각자의 집을 부끄러워할 것을 지레 걱정했다. 아직은 서먹서먹한 학생들 사이에 경제적 격차가 끼어들어 위화감을 만들까 우려했다. 확실히 내가 걱정했던 쪽은 대저택에 사는 학생이 아니라 작은 집에 사는 학생들이었다. 남들과 비교하여 내가 덜 가지거나 못 가진 것을 부끄러워했던 나의 경험으로 타인의 수치심까지 짐작했다. 이 개입이 배려였든 무례였든, 그 가장 아래에는 계급과 관련된 수치심이 있었다.

"(책을 읽으면서) '어떤 종류의 수치심을 느끼지 않고 내가 계급에 대해서 말할 수 있을까'라는 메모를 썼어요. 이 수치심 때문에 우리는 결국 계급에 대해 얘기하는 걸 원천적으로 차단당한 게 아닐까 하는…?" (오혜민)

이런 문제는 굳이 한국어 실력이나 단원 주제를 가리지 않고 거의 모든 질문과 관련될 수 있다. 그날은 커다란 수영장이 보여서 당황했지만 교실에서는 보이지 않는 것도 주의해야 할 때가 많다. 벨 훅스가 말했듯, "계급에는 당신의 행동, 기본적인 전제들, 어떻게 행동해야 될지에 대해 배운 것들, 당신이 자신과 남에게 기대하는 것, 미래에 대한 생각, 문제들을 이해하고 해결하는 방식, 생각하고 느끼는 방식 등 온갖 것이 관련되어 있"[3]기 때문이다. 평소에 어떤 운동이나 취미를 즐기는지, 한국에서 자주 먹는 음식은 무엇인지, 추천하고 싶은 식당이 어디인지, 지난 방학에는 무엇을 했는지 등을 물을 때도 여러 가지를 고려해야 한다는 것을 이미 잘 알고 있다고 생각하지만, 늘 새롭게 아차 하는 순간이 생긴다. 지난 주말에 무엇을 했느냐는 질문에 이태원에서 놀고 왔다는 대답과 야간 아르바이트를 열 시간 넘게 했다는 대답을 같은 교실에서 들을 때마다 여러 가지 생각을 한다. 언어학습을 위해서는 학습자의 삶에 유의미한 예문을 활용해야 한다 지만 막상 현장에서는 그 일상과의 밀접함을 순간순간 조절해야 할 때도 있다.

독서 모임에서 조심스러워 말하기 어려웠던 답답함을 얼마 후에 친구와 잠깐 해소했다. 단순히 고향만 같은 것이 아니라 대학생이 되고부터 서울에서 지낸다는 점과 부모님이나 조부모님 세대까지 많은 것이 너무나 비슷한 친구였다. 그 친구에게 '야, 외국에서는 우리를 first-generation college student(집안에서 처음으로 대학에 진학한 사람)라고 부른다더라'는 이야기로 수다를 시작했다.

부모님의 노고로 우리가 서울에 왔었지만 그때 사실상 우린 서울에서 혼자 방치됐었지. 맞아 맞아. 부모님도 뭘 어떻게 해줘야 하는지 몰랐으니. 맞다 맞다. 대학교나 대학원이 무얼 하는 곳인지, 거기서 무엇을 구해야 하는지, 도움을 요청한다는 것이 무엇인지 귀띔해줄 사람이 집안에 없었던 공통의 경험. '있는 집'이나 '배운 집' 친구들과 일상을 나눌 때 종종 느꼈던 차이를 나열할 때는 웃음을 멈출 수 없었다. 그런 애들은 가족끼리 이상한 말을 주고받더라, 엄마들이 선물을 받으면 세상에 고맙다는 말을 먼저 하더라, 그들에게 부모란 곤경을 제일 먼저 숨길 상대가 아니라 털어놓을 상대더라, 부모가 돈이 아닌 다른

도움을 줄 수도 있더라. 못난 이야기들을 한참 하고서는
부모보다 가난하게 살 서로를 놀려댔다.

　계급은 모든 것과 관련되기 때문에 관계도 여기에서
자유롭기 힘들다. 벨 훅스는 '계급이 다름에도 연대를
유지하려면 우리가 어떻게 행동하고 무엇을 해야 하는
지 알려주는 이론이나 현장연구가 거의 진행되지 않았
다'⁴고 했다. 계급을 넘어선 연대라는 그 어려운 일에 참
고할 자료도 없다면서 공동체를 가꾸라는 말을 남기고
가다니. 이전 독서 모임에서 배움의 공동체에 대해 이야
기했던 것이 생각나서 나는 계급 격차가 있더라도 나누
며 연대했던 경험을 질문했는데, 대부분 처지가 아주 비
슷하거나 특수한 상황을 공유하는 사이에서의 한정된 경
험을 말해주었다. 주변에서도 형편이 비슷할 같은 아파
트 단지에서의 경험들만 전해지더라는 이야기, 잘 지내
다가도 어느 한쪽이 경제적으로 너무 처지면 자연스럽게
관계가 끊어지더라는 이야기 등. 이에 씁쓸하게 공감하
던 중 모임에 참여한 이 책의 편집자로부터 조금 다른 얘
기도 들었다.

　　"저는 대학 때 동아리에서 만난 한 친구와의 관계에서 그
　　가능성을 본 것이 (…) 저희가 그 동아리에서 반자본주의

이론에 같이 엄청 감화되어서 (웃음) 공부를 하고 그랬던 배경이 있어요. 그래서 돈이 없는 것도 그 사람의 탓이 아니고 돈이 많은 것도 그 사람만의 덕이 아니라는 공동의 이해가 있단 말이에요. 그런 사회구조에 둘 다 문제의식을 갖고 이것이 바뀌어야 한다고 동의해서, 저희 사이의 계급 격차를 수치스러워하거나 누가 더 내는 걸 억울해하지 않는 것 같아요. (…) 근데 저도 확신할 수는 없어요. 저희가 매일 만나는 게 아니라 가끔 만나서 가능한 걸 수도 있고요.”

캐묻고 싶은 게 많았지만 그러기는 어려웠다. 모두가 그런 경험을 할 수는 없는 것이니 그저 부러웠다. 계급 격차에 대해 고민하기 시작하면서 점점 고립되는 것 같다고 느낄 때마다 나는 이 이야기를 종종 떠올렸다.


## 자본주의 키즈의 방황

내가 어린 시절에 ‘부자 되세요~ 꼭이요~’라고 외치는 한 카드 광고가 유행했다. 광고 그 자체보다는 우리 집에서 밥과 술을 먹고 기분 좋게 돌아가는 어른들이 “아이고, 나오지 마세요. 잘 먹고 갑니다, 부자 되세요!" 하고 그 '인사말'을 덧붙이던 것이 기억난다. 한참 시간이 흘러 그 광고와 사회 변화에 대한 칼럼을 읽었는데, 그전에는 '돈 많이 벌라'는 인사가 한국 사회에서는 영 민망하고 모양 빠지는 말이었다는 이야기가 상당히 흥미로웠다.

이제는 어디로 눈을 돌리든 모두들 '경제적 자유'를 이야기하고 있다. 어떻게 나만의 '파이프라인'을 구축해서 잠자는 동안에도 돈이 들어오는 '패시브 인컴'을 확보하여 '파이어족'이 될 수 있는지 가르쳐주겠다는 친절한 목소리들이 넘쳐난다. 그 가운데에서 정신을 잃다 보면 누가 춥고 배고픈지, 누가 일하다 다치는지 알 길이 점점 사라진다. 이제 기자라는 직업조차 좁은 계급 안에 점점 갇히면서 언론에서도 빈곤이나 노동에 대한 이야기를 찾아보기가 어려워졌다. '단군 이래 가장 돈 벌기 쉬운 세상'이라는 말은 응원일까 조언일까 조롱일까. '누구나 성공할 수 있다'는 말은 네온사인 색깔의 희망을 두른 흉기 같다. 너의 어려움은 능력과 노력이 부족한 네 탓이고, 부자 되기를 선택하고 부자처럼 생각해서 최선을 다하면 성공할 수 있으니, 너의 빈곤은 네가 "가난해지기를 선택"[5]한 것이라는 말. 그러니까 결국 입을 다물라는 입막음에서 나는 자유로울 줄 알았다.

　모임 이후에 이런 생각을 메모로 공유하자, 내가 적어
둔 내용에서 좀 더 이전을 기억하는 멤버들이 긴 댓글로
기억과 생각을 더해주었다. IMF 이후부터를 기억하는 세
대로서는 요즘 같은 입시 '시장'이 형성되던 시기의 이야
기와 사람들의 사고방식, 언행의 변화를 미시사처럼 들
으며 흥미롭고 두렵다고 느꼈다. 그러고 보니 이제 나는
매일 자본의 언어와 논리로 세상의 많은 것을 이해한다.
손에 잡히거나 눈에 보이지 않는 모든 것은 투자 또는 투
기의 대상이다. 경험도 교육도 매력도 취향도 전부 자본
이라 부른다. 주식이나 재테크 용어로 만든 유행어와 밈
으로 너무 많은 것을 비유하고 농담한다.

　가부장주의와 그 제도를 감각하고 일상에서 모든 것을
낯설게 보기 시작했던 시절이 어렴풋이 떠오른다. 정말
어쩔 수 없는 것이 맞나? 자본주의의 역사는 어떠했나?
내가 아는 경제학이 경제학의 전부일까? 인간이 정말 세
상을 다 '계산'할 수 있나? 그 계산법은 누가 정하나? 전
국장애인차별철폐연대 박경석 대표의 말[6]처럼, 장애인
이동권 투쟁을 이어온 이들이 22년을 싸워서 모두에게
선물해준 몇 조짜리 저상버스와 지하철 엘리베이터의 가
치는 왜 계산되지 않나? 여러 사회문제에 대해 뜬구름도
못 잡고 있는 낡은 정치인들이 오히려 활동가들에게 '무

임승차'하고 있는 것은 아닌가? 올해 적정 최저임금을, 외국인 여성 가사노동자에게 지급하겠다는 급여를, 골프장 조성의 경제적 효과를 산정한다는 계산법들이 우스워졌다.

부를 좇는 그 세계를 나도 한참 들여다봤다. 이제 돌아보니 '이만큼 소유하기 위해 이렇게나 고생했다'는 사람들, 그 재산을 지키기 위한 어려움을 토로하는 사람들, '누구나 나처럼 노력하면 된다'는 사람들에게서 나는 다른 말을 기다렸던 것 같다. 왜 개인이 모든 것을 감당해야 하느냐고 의문을 제기하며 무너져가는 사회적 안전망을 함께 세워보자고 말하는 '노력'에 대해 듣고 싶었다. 어떻게 하면 죽도록 일하지 않아도 되는 '삶'이 아니라 '세상'을 만들 수 있는지[7]를 고민하는 이야기를 듣고 싶었다.


말이 이끌어준 말들


독서 모임의 마지막 회차에서는 《본 블랙》을 읽고 모였다. 저자의 어린 시절을 함께 경험한 듯하게 만드는 그 책을 통해 그동안 읽어온 나머지 저서들에 담긴 진심이 더 깊이 전해졌다. 이런 경험 속에서도 삶을 마주하고 진

정한 사랑의 의미를 찾아 애썼다니. 어릴 때부터 대학원
생이 되어서까지 학교에서 그렇게나 차별받았는데도 교
육의 가치를 모두와 나누고자 평생 헌신했다니. 그 탁월
한 첫 번째 저서를 흑인이라는 이유로 모든 출판사에서
거부당했으면서도 더 많은 이들과 연대하는 길을 찾으려
했다니.

　그날 모임의 후반부에서는 '뛰어넘고 싶은 어린 시절
의 경험 혹은 간직하고 싶은 유산'에 대해 이야기했다. 질
문을 던진 사람도 나도 후자는 잘 모르겠다며 '그럼 나에
게는 긍정적인 유산이라는 게 없는 것인지⋯⋯.' 하고 말
을 흐리며 시작했지만, 우리는 곧 서로의 말에서 영감을
받아 내면의 유산을 발견해나갔다. 대대로 우리를 먹이
고 억압하고 살리고 주저앉히고 보살핀 여자들의 역사를
공유했다. 먼저 입을 떼준 사람들의 도움으로 각자의 아
픔에서 유산을 이끌어내면서 그 둘은 한 몸일 때가 많다
는 것을 오래 생각했다. 처음의 질문이 '새롭게 만들어나
가고 싶은 유산'으로 확장되는 동안 우리는 '○○ 님 얘기
를 듣고 보니 저도⋯⋯.' 하는 말을 다리 삼아 자꾸만 연결
되었다. '서로에게 닿으려고 한다면 우리의 가장 약한 부
분이 바로 그 길이 될 수 있다'고 말하는 심리 연구가 브
레네 브라운의 책들을 벨 훅스도 그래서 많이 읽었던 걸

까. 그래서 우리에게 일단 입을 열어보라고 했던 걸까.

"요즘 한국도 일본도 출판 시장이 거의 여성 작가라고 그
러니까요. 한국은 특히 훨씬 더 그렇고요. (…) 여성 서사
가 이만큼 쌓이는 토대가 이제야 만들어졌고, 우리 이전의
여자들이 이렇게 열심히 말을 해줬으니까 이제 우리도 말
할 수 있는 토대가 쌓인 거 아닐까 해요. 그래서 이 유산들
이 되게 나쁜 거, 우리를 억압하는 것들도 있었지만 동시
에 그걸 꽝꽝꽝 깨준 사람들 위에 우리가 서 있구나. (…)
이 용감한 여자들 위에, 그러니까 용감한 여자들이 예전부
터 있어왔으니까 우리가 이런 얘기를 할 수 있는 거구나
하는 생각들을 많이 해요." (김미소)

그랬지, 말을 안 하면 보이지 않게 되는 거였다. 결국
이런 식으로 보이지 않는 존재들과 이름 없는 문제들이
무섭게 불어나는 거였지. 말을 해야만 겨우 말할 수 있게
되는 일들이 있다는 것을 안다. 말하기조차 어려운 문제
들은 우리가 입을 다무는 만큼 은폐된다. 불편하다는 내
목소리가 남들을 불편하게 할 것이 두려워 입을 다물어
서는 아무것도 바꿀 수 없다는 것을 나는 페미니즘에서
배웠다. 꾸준히 한데 모인 목소리가 넘쳐 쏟아지면 '원래

그런 것'이니 '어쩔 수 없다'던 많은 것들을 기어코 바꿔 내는 것을 목도했다. 이 생각에 닿자, 하나마나한 소리뿐 이라며 이 책을 덮었던 그때를 마지막으로 둘 수 없어 책 을 여러 번 다시 펼쳤다.

황야wilderness에서 우연히 마주쳐 같은 책들을 읽으면 서 잠시 함께했던 이 모임 멤버들과의 대화를 떠올려 본 다. 모든 것과 관련된 계급은 모두의 아픔과도 치유와도 연루되어 있었다. 그 구석구석에 사회적 소수자 문제와 계급 차별이 얽히지 않은 부분이 없었지만, 정작 계급이 주제였던 회차에서 우리는 제대로 입을 열지 못했다. 모 든 것과 관련된 계급을 이야기하기 위해 우리는 꽤 많은 것을 경유해야 했나 보다. 그래서 우리가 계급에 대해 겨 우 요만큼 말할 수 있게 되기까지 이만큼의 시간과 연습 이 필요했나 보다. 반대로 계급 문제를 이야기하는 일에 따르는 고민들이 분명 그동안의 독서 모임에서 나눈 이 야기와 마음의 깊이를 만들어주었다. 그리고 이런 시간 과 어려움을 함께 견디는 일이 내가 부러워했던 관계나 공동체를 만드는 유일한 방법일지도 모르겠다는 생각을 했다.

## 연대의 첫걸음

벨 훅스는 이 책을 가장 쉽게 쓰려고 애썼다는 것을 강조했지만, 이런 책을 읽는 것조차 일면 계급적이다. 나만의 가치를 지키며 부끄럽지 않게 살면 된다고, 혹여 가난에서 벗어나지 못하더라도 그 자체가 불행은 아니라고 식자적으로나마 이해할 수 있는 능력이나 여건도 분명 계급적 특권에서 온다. 듣기만 해도 어깨가 축 내려앉는 능력주의, 자본주의, 신자유주의 등의 거대한 조류 안에서 개인이 수온을 읽고 방향을 파악하는 것은 쉽지 않은 일이다. 그래서 불편감이 더욱 선명했다. 빈곤의 늪에 빠져 있는 이들에게 이를 깨우치고 목소리 내서 싸워야 한다고, 비판적 태도를 잃지 말고 살아야 한다는 그의 단호한 목소리가 매몰차게 들려 서운했다. 공동체를 만들어야 한다, 계속해서 희망을 얘기해야 한다는 말들이 어찌나 공허하고 야속하게 들리던지.

벨 훅스가 자신의 동생에게 실수했던 대목을 오래 들여다보았다.[8] 경제적인 문제로 실의에 빠진 동생에게 실제적인 가르침을 주기 위해 많은 사람들 앞에서 그의 잘못을 지적했는데, 동생이 매우 불쾌해했다고 한다. 벨 훅스의 의도와 동생을 사랑하는 마음이 어떠했든 그는 남들 앞에

서 동생의 처지를 노출시키고 잘못을 지적했다. 동생으로
서는 분명 모욕당하고 소모당한 기분이었을 것이다. 우리
가 그조차 하고 말았던 잘못을 반복하지 않으려면 어떻게
해야 할까. '가난'을 타자화, 악마화, 낭만화하지 않으면서
직시하고 이야기하는 법은 어떻게 구해야 할까.

벨 훅스는 연대의 첫걸음이 계급에 대해 말해보는 것이
라고 했다. 네 자리가 어디인지 생각해 보라고, 누구 곁에
설 것인지 우리는 선택할 수 있는 존재라고 말해주었다.
그 쪽지를 전해 받은 우리의 할 일은 연대의 다양한 방법
과 윤리를 고민하는 일이 아닐까. 내 위치를 파악하고 그
자리에서 어느 방향을 향해 서서 어떤 풍경을 만들어가고
싶은지를 선택하기 위한 첫걸음이 나에게는 그저 듣는 일
이었다고, 이 글을 읽는 사람에게 전하고 싶다.

내 위치가 어디인지 혼란스러웠던 나는 일단 주변을
살펴보게 되었다. 그리고 본 것으로 넘겨짚지 말고 들어
야 했다. 듣기 시작하니 같은 자리에서도 보이는 것이 달
라졌다. 주변의 소리에 귀를 기울이다 보니 우리가 모두
연결되어 있다는 것을 외면할 수 없게 되었다. 쿠팡 물류
센터에서 과로사한 노동자의 유족 박미숙 씨는 '어쩜 저
렇게 냉정하냐'는 말을 들으면서도 덤덤한 어조로 싸움
을 이어나간다. 자식을 잃은 슬픔을 표현하면 세상이 슬

폼에만 집중해 본인의 말이 전달되지 않는 것 같아 그렇다고 했다. 울며 듣던 나는 더 울었다. '지겨우니까 그만하라'는 세상 속에서 절박하게 이어지는 목소리들을 '끝까지' 듣는 것조차 쉬운 일이 아니었다.

아름다운 소리만 해놓고 떠난 벨 훅스 그에게 야속한 마음이 말끔히 사라졌다면 거짓말이다. 그런데 이제 이 책 마지막 문단의 마침표들이 모두 부탁처럼 읽히기도 한다. 이 책을 통해 그는 계급에 잠식당하지 않고 우리가 나눌 수 있는 게 무엇인지, 생산수단이 아니더라도 우리가 가진 유산은 무엇인지 이야기해보자고 20년 전부터 포기하지 않고 말을 걸고 있다. 원망스럽기도 하고 알쏭달쏭하기도 한 이 알 수 없는 감정들 때문에라도 이 책의 목소리를 아무 때고 떠올려달라고, 그렇게 잊지 말라고. 조류 안에서 휩쓸리는 와중에도 주변을 살피려는 노력을 포기하지 말아달라고 전하고 싶었을까. 나의 자리를 잊지 않고 주변을 살피려는 노력 없이는, 혼자만 우뚝 서서 덩그러니 행복해지는 그런 방법은 어디에도 없다는 것을 페미니스트라는 당신들이 모를 리 없다고. 갈 길이 멀다. 그런 배짱으로 그는 이렇게 남기고 떠난 걸까 하는 짐작에 멈춰 서서 고작 첫걸음에 숨을 고른다.

《모두를 위한 페미니즘》

*Feminism is for Everybody: Passionate Politics* (2000)

# 모두의 몸에 맞는
# 페미니즘

조은

"우리는 용감하게 과거로부터 교훈을 얻고, 페미니즘 원칙들이 우리 공적·사적 삶의 모든 영역을 아우를 미래를 위해 노력할 것이다. 페미니즘 정치의 목표는 지배를 종식하여 우리가 있는 그대로 자기 자신으로 살아가게끔 우리를 해방하는 것이다. 얼마든지 정의를 사랑하고, 평화로운 삶을 누릴 수 있도록 말이다. 페미니즘은 모두를 위한 것이다."

—《모두를 위한 페미니즘》, p.263

책 소개

"이런 책이 나오길 기다렸지만 아무리 기다려도 나타나지 않았고, 그래서 내가 썼어야 했다."* 벨 훅스가 《모두를 위한 페미니즘》을 직접 소개하기 위해 정리한 말이다. 그가 말한 '이러한 책'은 어떤 책을 의미할까?

페미니스트는 대개 '남성을 혐오하고 자연과 신을 거스르려 하며 모두 레즈비언에 백인 남성에게는 일말의 기회를 주지 않으려는 사람'이라고 알려져 있다. 페미니즘을 아는 사람들이야 이 레이블이 헛소리라고 코웃음을 칠 수도 있지만 이러한 오해는 실제로 사회에 영향을 준다. 편견에 휩싸인 페미니즘에 여성들은 자신을 고립시키기도 하고, 안티 페미니스트의 무례한 언행과 다양한 폭력이 정당화되기도 한다. 벨은 페미니즘이 사실은 모

---

\*    이 말은 원래 흑인 여성 소설가 토니 모리슨이 한 말이다. 토니 모리슨을 좋아했던 벨 훅스는 이 말을 따라 《모두를 위한 페미니즘》을 썼다고 소개한다.

두의 이야기를 담고 있는 인류애적인 사상이며, 오해를 풀기 위해 우리는 짧고 쉬운 책 한 권이 필요하다고 말한다. 벨이 언급한 '이러한 책'은 우리 모두 페미니즘의 남이 될 수 없음을 보여주는 쉬운 책을 의미하고 있었다.

그렇다면 '쉬운 책'은 어떤 책일까. 첫째로 학계의 언어로 둘러싼 책이 아니어야 한다. 긴 책도 아니고 이해하기 어려운 전문용어로 가득 찬 두꺼운 책도 아니어야 하면서 동시에 '똑똑한 언어'를 이해하지 못하는 사람들을 배척하는 책이 아니어야 한다. 둘째, 페미니즘이라는 정치학이 어떤 배타적인 집단을 위해서만 존재하는 것이 아니라 우리 모두를 위해 존재한다는 것을 보여주는 책이어야 한다. 사람들은 자신에게 관련 있는 책을 더 쉽게 읽는다. 다시 말해 사람들이 한 책에서 각자 자신이 처한 조건을 발견할 수 있다면 그 책은 쉬운 책이 될 수 있을 것이다. 벨은 페미니즘을 가까이 들여다보면 모두의 경계가 보인다고 생각했기 때문에 페미니즘이 '모두'를 아우를 수 있다고 굳게 믿었다. 이 두 가지 조건을 모두 충족할 만한 페미니즘 책을 쓰려는 목표 의식이 벨에게는 가득했고 책 곳곳에 이러한 열망이 드러난다.

책은 모두라는 이름에 걸맞게 다양하고 또 짧막한 장들로 구성돼 있다. 우리의 몸으로 연결되는 임신선택권,

페미니즘 계급투쟁, 일터 속 페미니즘, 인종차별과 페미니즘, 폭력과 페미니즘, 페미니즘과 남성성, 페미니스트 부모되기, 결혼과 페미니즘, 페미니즘과 정치, 레즈비어니즘, 페미니즘과 사랑, 페미니즘과 기독교, 마지막으로 페미니즘의 미래를 담은 이 장들은 모두 번역본을 기준으로 열다섯 쪽을 넘지 않는다. 그중에서도 이 글에서는 '내면의 아름다움과 외모의 아름다움'을 다룬 장에 초점을 두려고 한다.[1] 이 장은 페미니즘이 '남'의 시선에서 벗어나자고 한 지 몇 년이 지난 지금 우리가 어떤 시선 속에서 살고 있는지 되짚어 볼 수 있는 장이다. 벨은 페미니즘 해방운동이 진행되면서 꾸미지 않을 자유가 주어진 후에도 여전히 성행하는 섭식장애와 병적인 외모 집착에 대해 힘주어 언급한다. 거식증의 위험을 말하면서도 '완벽하고 똑똑한 여성'의 모습은 언제나 마른 여성인 데서 혼란스러운 메시지가 느껴진다며 탄식하기도 한다. 패션업계에서는 여전히 마른 여성을 위한 사이즈가 '보편'이며 플러스사이즈는 '플러스'로 비싸게 파는 현실을 지적하며 여성이 아름다움에 대해 성차별적인 기준을 버리는 게 얼마나 어렵고 이러한 기준을 받아들이는 게 얼마나 위험한지 직시해야 한다고 말하기도 한다. 그리고 끝까지 우리가 이러한 직시를 회피하지 않는 것이 중요하다고 강조하며 장을 마무리한다.

 이 짧은 장을 읽다 보면 그 찰나에 내 입안에는 쓴맛이 깊게 지나간다. 장 초반에는 미국 여성인 벨 훅스의 상황과 한국 상황이 다른 맥락을 가지고 있음이 현저히 느껴지기 때문이다. 성 혁명을 한 번 거치고 꾸미지 않을 자유가 있었던 미국과 달리 우리는 아직 짧은 머리카락으로도 눈치를 봐야 하는 세상에 놓여 있다는 생각이 지워지지 않는다. 패션업계는 말하기도 입이 아프다. 한국의 S 사이즈가 미국의 XS, XXS 사이즈라는 사실은 이미 공공연히 알려져 있으며 나도 미국을 여행할 때 "어떻게 사람이 60킬로를 안 넘을 수가 있냐"는 말을 수차례 듣기도 했기에 두 나라의 시차를 여실히 느낄 수 있었던 장이라고 말할 수 있겠다.

 하지만 쓴맛 뒤로 벨이 "이 나라에서는 나이를 막론하고 모든 여성이 얼마나 예쁜가 예쁘지 않은가로 여성을 판단하려는 강박이 완전히 사라지지 않았다"고 말하는 모습을 보며 내가 사는 한국이 알림벨을 울리며 떠오르기도 한다. 이렇게 벨의 말을 듣다 보면 타인인 줄 알았던 벨의 지점에서, 나와 우리를 발견하기도 한다. 즉, 미국의 페미니즘 역사는 우리와 다르지만 여전히 여성의 사이즈에 대해 같은 고민을 하고 있다는 것을 보여주면서 우리를 자매로 엮는다. 그러는 동시에 내가 사는 이 땅에서 할 수 있는 다음 고민은 어떤 것일지 진지하게 고민할 수 있게 돕는다.

매번 백인 페미니즘에 시차를 느끼는 게 익숙한 우리는 페미니즘 책을 읽을 때 '나'를 완전히 발견하지 못하더라도 쉽게 만족한다. 유럽이나 미국 사회가 일대일 대응으로 우리 사회와 비슷한 사회일 것이라고 어림잡는다. 페미니즘에 대한 오해와 백래시가 정점을 찍고 있다고 해도 과언이 아닌 한국 사회에서, 백인 여성 수전 팔루디의 《백래시》를 읽으며 백래시는 페미니즘 대중화의 지나가는 과정일거야, 하고 안심했다가 또 '우리' 페미니즘은 그렇지 않으면 어쩌지, 내심 걱정한다. 한국 페미니즘은 어디에 놓여 있을까? 백인 여성이 아닌 우리의 페미니즘은 세계 속 페미니즘 어디쯤에 위치시킬 수 있을까? 나는 한국계 여성 이민자의 삶을 담고 있다는 애니메이션을 보며 그가 백인 남성에 의해 '각성'하고 미국적 가치로 살아가는 모습에 묘하게 불편한 감정을 느끼지만 우리 인종을 주인공으로 재현했다는 점에서 달게 삼키고 넘긴다. 한편 여성을 온전히 아우르고 페미니즘을 대놓고 외치는 영화를 보며 감동하지만 스크린 그 어디서도 우리의 얼굴을 하고 있는 동양인 여성을 발견하지는 못한다.

한국 여자로 태어난 우리는 어떤 작품 사이에 우리를 위치시킬 수 있을까?

벨은 이런 내 고민을 충분히 치유한다. 페미니즘 안에 버젓이 존재하는 여성들끼리의 인종차별도 함께 언급하며 페미니즘 자매애에는 백인 여성을 중심으로 묶이는 뭉뚝한 기준보다 다양한 조건을 아우르는 뾰족한 기준들이 더 필요하다고 말한다. 내가 학계에서 유명한 페미니즘 책을 보며 나를 마냥 발견하지 못하고 부러워했던 복잡한 감정에 대해 이해할 수 있게 해준다. 벨이 페미니즘 서적이 모두를 아울러야 한다고 첫 마디부터 끝 문장까지 강조하는 것을 보면서 나는 일종의 안도감과 해방감을 동시에 느낀다. "그래, 우리도 이 흐름에 분명히 속해 있다" 하면서 말이다.

물론 이 책이 완벽하다고 볼 수만은 없다. 모든 조건을 다룬다는 것은 여간 쉽지가 않다. 특히 벨이 속하지 않은 집단에 있어서는 벨의 오해가 드러나기도 한다. 가령 레즈비언들의 관계를 이분법적으로 나누는 동시에 레즈비언의 펨/부치 관계를 BDSM의 관계로 묘사했다는 점에서 이 책은 비판을 받는다. 독서 모임에서는 여성의 폭력을 무조건적으로 반대했다는 점에서 각기 다른 의견을 주고받기도 했다. 여성의 폭력이 역사적으로 오랫동안

금기시되었기에 남성의 폭력보다 더 '악'으로 여겨지는 사회에서 무조건적인 반대가 크게 의미 있는지 의문을 제기한 것이었다.

그러나 벨이 자신이 당사자가 아니기도 한 모든 정체성을 다루려고 했던 건 이 페미니즘 논의들을 음지에서가 아니라 모두의 일상 속에서 꺼낼 수 있는 주제로 자리매김시키려는 시도가 아니었을까? 나는 《모두를 위한 페미니즘》을 읽고 지금쯤 서로 '남'이 되어버린 여성들을 위해 무엇을 고민할지 생각해볼 수 있었다. 페미니즘이 가는 길이 여러 갈래로 퍼지는 것을 발견하고, 페미니즘이 여전히 유효하며 모두를 위한 것임을 알리는 것. 이 목표를 향해 달려가는 벨 훅스는 책을 읽는 독자에게 포기 없이 끈질긴 용기를 담아 말을 건네려고 한다.

누구에게나 (안)맞는 사이즈

인간으로서 가장 먼저 누려야 할 세 가지가 의식주라
고들 말한다. 특히 그중에서 '의'에 속하는 옷은 그야말
로 다른 동물들과 인간을 구분하는 특징이다. 뿐만 아니
라 옷은 이제 사람들에게 '나'를 잘 드러내기 위한 수단이
되었다. 내 방에도 나를 대변할 만한 수많은 옷들이 있고,
다양한 색깔과 디자인만큼이나 사이즈 역시 다양하다.
물론 모든 옷에 손이 가는 것은 아니다. 대부분 작거나 크
거나 아주 드물게 딱 맞거나 사이즈에 문제가 있기 때문
이다. 내 사이즈는 스몰이구나! 알아차리고 쇼핑을 가면
홍대 거리에 있는 스몰이 너무 작다. 그렇다면 미디움이
구나, 싶으면 또 너무 크다. 스몰-미디움-라지로 손쉽게
갈라진 사이즈는 이제 믿지 않은 지 오래다. 입어보고 스
몰과 미디움 그 중간쯤을 원하는 마음으로 그저 힘없이

지갑을 꺼내면 된다. 그리고는 한두 번 정도 입다가 옷장에만 존재하는 옷이 되어버린다. 아니, 내 몸에 맞지도 않는데 왜 샀을까.

　이 중에서도 가장 의미 없는 사이즈가 하나 있다. 바로 '프리사이즈'. 프리사이즈는 자주 내 사이즈가 아니다. 점점 더 작아지는 것 같다. 어찌나 작은지 때로는 이 사이즈에는 우리 이웃집 강아지가 딱 맞을 것 같다는 생각을 자주 한다. 거리에 있는 수많은 옷들은 그다지 '나'를 표현하려고 만들어진 것 같지 않다. '프리사이즈free size는 과연 나를 프리free하게 하나?' 의문이 함께 샘솟는 쇼핑 시간이다.

　내가 옷 쇼핑하듯 휙휙 들추며 또 쇼핑을 하러 가는 곳은 근처 서점이다. 책 쇼핑을 성공하는 것만큼 짜릿한 것이 없다. 오늘은 나를 대변할 만한 책을 찾지 않을까? 하며 페, 미, 니, 즘, 이라고 검색대에서 찾아보기도 한다. 검색 결과 몇 개를 익숙하게 읽다 보니 이제는 나를 온전히 대변하는 페미니즘이라는 옷이 나에게 '기적같이' 등장하는 상황을 기대하지 않는다. 아무래도 그건 욕심이 되어버린 것 같다. 조금 핏이 맞지 않더라도 '이 정도면 괜찮다'는 마음을 장착하고 프리사이즈 책 쇼핑에 임한다.

　어느 날 문득 '스테디셀러'라는 이름으로 눈에 띄게 된

책은 벨 훅스의 《모두를 위한 페미니즘》이었다. 그리고 서점의 소개에는 이렇게 쓰여 있었다. '페미니즘 기본서!' 그렇다면 읽어봐야지, 기본서라는 말에 자존심이 건드려진 나는 빠르게 책을 폈다. 어쩌면 이번엔 나에게 맞는 옷일지도 몰라. 그런데 벨 훅스, 어디서 많이 들어봤는데. 이 책은 페미니즘을 대중화하기 위해 만들어진 책이라고 한다. '모두'가 이해할 만한 페미니즘 서적을 만들었다는 말이었다. 하지만 벨 훅스의 이러한 '좋게 말하기'에 그리 현혹되지 않은 나는 4장째 읽었을 때 책을 덮었다. 무언가 고운 가루들이 이름표를 달고 내 머릿속에 하나씩 퍼지는 느낌이긴 한데, 너무 곱다. 나에겐 만인의 만인에 대한 외로운 패션 찾기 투쟁인 페미니즘이 모두를 위한 것이라니. 안일하고 쉬운 소리 같았다. 그리곤 나는 사회학 코너에 가서 어려워 보이는 가야트리 스피박 책 한 권을 집었다.

나는 스피박을 좋아한다. 어려운 단어, 어려운 문장, 그리고 더 어려운 번역은 나를 도전하게 만든다. 가장 먼저 스피박은 서발턴*이라는 단어로 나를 사로잡는다. 사실

---

\*     '역사적으로 차별받고 배제돼온 피억압 집단'을 의미하는 개념으로, 스피박은 〈서발턴은 말할 수 있는가?〉라는 저명한 논문을 통해 서발턴이 스스로 차별 철폐를 요구하는 정치적 주체가 될 수 있는지 탐구했다.

은 이 복잡한 어휘가 어떤 의미인지 명확히 알지도 못하면서 자주 인용하고 다닐 수 있어서 좋았다. 이 용어가 주는 특이한 상아색 역시 꽤 마음에 들었다. 다른 사람들에게 소개할 때, 그리고 이를 인용할 때는 왜인지 멋진 소리를 하는 것 같기도 했으니까. 대학원생이라는 나의 똑똑이 정체성 역시 안정된 공간에 안착할 수 있게 돕는 느낌도 주었다.

그럼에도 스피박 책을 읽다 보면 조금 찔리는 부분이 있다. 페미니즘이 오랫동안 학계라는 게토에만 존재해온 개념이라는 사실이 한가득 느껴지기 때문이다. 스피박의 책에는 '똑똑한 여성들'이 전유하는 언어로 가득했다. 내가 아는 9할 9푼의 페미니즘은 대학 속 페미니즘이었기에 조금은 익숙해졌지만, 사실 '대학원생,' '상아탑,' '멋진 소리' 역시 내 몸에 맞는 옷이 딱히 아니었기 때문에 유행하는 패션 삼아 꾸역꾸역 입어야 했다. 이 옷이 마냥 내 사이즈인 것처럼, 작디작은 프리사이즈가 내게 딱 맞다고 감명을 받으면 내 몸이 여성으로서 충분해 그 안에 속하는 것 같았다.

나는 여성이고 스물여섯 살이며 사범대학에 있는 학생치고 학교 교사 경험도 없고, 대학원생이기는 하지만 다른 이들의 수많은 지적 경험에 자주 움츠려들기도 하는 어쩌면 사기꾼 같은 사람이다. 게다가 대학원생 외의 나의 다른 정체성들은 내가 대학원생이라는 멋진 의복을 입은 사람들 사이에서 가짜 의복을 입고 있는 기분을 만들기도 한다. 지금 나는 잘 '척'하고 있을까? 내가 자주 묻는 말이다. 그런데 이런 똑똑한 언어를 내가 '나'를 드러내기 위해 읽는다고? 사실은 정반대다. 나는 나를 숨기기 위해 이러한 책을 읽는다. 내가 원하는 패션을 끊임없이 헤매 다니는 이 초라한 마음에 안정을 주는 것은 보편적으로 보이는 의복 하나가 내 것인 양 구는 것이다. 미국식, 아니 백인식 페미니즘을 보면서 선망과 동경, 부러움 등이 똘똘 뭉친 내 마음은 이제 그 시차에 익숙해하고 그것을 내 언어마냥 행세한다. 그렇게 영어를 한국어로 번역하느라 문투가 조금은 어색해진 페미니즘 번역서들은 내 가방에 당연한 듯 들어 있다. 가끔은 이 '세련된' 유니폼이 나를 가장 잘 표현해준다고 착각하는 내 우쭐한 감정과 함께 말이다.

그러다 문득 '척'하기도 어려워하는 여자들이 있다는 것을 발견했다. 나에게 '안정감'이 있다고 말하는 어느 친구는 야망이나 사회적 성공만을 강조하는 페미니즘이 자주 불편하다고 했다. '정상'에서 만나자고 말하고 미라클 모닝이나 영어 공부, 그리고 주식 투자를 열심히 해서 성공한 여성이 되자는 페미니즘은 자신에게 맞지 않다고 말했다. "당장 백만 원이 급한데 백만 원부터 주식 투자를 시작하자는 말이 어떻게 와닿겠어." 그 친구의 말이 자주 맴돌았다. 나는 페미니즘 프리사이즈 옷을 입고 '척'할 수 있는 위치였을까? 프리사이즈 옷이 모든 여성에게 맞는 옷이 아님을 앎에도 나에겐 어찌저찌 들어맞는 이 작은 옷 자체가 사실 소수에게만 맞는다는 현실을 애써 무시했던 걸까?

하나의 몸은 하나의 기준에서 추상화되어 입을 잃는다. 그러나 차별받는 우리의 마음은 하나가 아니다. 우린 하나의 옷에 욱여넣을 수 있는 하나의 몸이 아니라는 것이다. 우리는 하나의 하얀 기준에 맞추기 위해 우리의 황색 몸을 굶기는 행동에 왜 이렇게 익숙해졌을까. 그 기준에 익숙해하는 나는 '기준에 맞지 않는 여성'들과 다른 몸이라고 말할 수 있을까? 어쩌면 가장 안도하고 있는 듯 보이는 '저' 여성을 포함한 우리 '모두'가 사실 이 기준에서 조금씩 벗어날지도 모른다.

프리사이즈는 우리 몸을 프리하게 하지 않는다

다시 벨 훅스를 만나게 된 것은 이번 독서 모임을 통해서였다. 나는 한 수업에서 벨 훅스가 말하는 '치유의 페미니즘'[2]을 접한 적이 있다. 내가 페미니즘을 접하고 페미니스트가 되면서 과거의 불쾌한 경험을 이론적으로 해석하며 안정감을 느낀 '이' 경험을 벨 훅스가 '치유'라고 표현했단다. 이제껏 뭉뚱그린 '페미니즘'이라는 말보다도 내 마음에 꽂혔다. 그야말로 명중하는 언어를 만난 것 같았다. 그날 수업이 끝날 때까지 '벨 훅스'라는 세 글자가 내 귀에 BGM처럼 윙윙 울렸다. 그렇게 벨 훅스의 언어가 나의 언어와 연결될지도 모른다는 희망이 다시 피어났다.

그리고 나는 벨 훅스를 더 깊이 찾기에 나섰다. 나서게 된 보람으로 벨 훅스 독서 모임까지 참여하게 되었다. 그저 그런 프리사이즈 옷이라 오해한 《모두를 위한 페미니즘》에 대해 소중한 멤버들과 담론을 나누며 느낀 것은 '투쟁으로서의 페미니즘'을 벨 훅스는 결코 모르는 것 같지 않다는 점이었다. 오히려 그는 이를 너무나 잘 알고 있었기에 만인 모두가 이해할 만한 페미니즘이 필요하다고 생각하는 사람이었다. '모두'라는 말이 불편했던 이유는 나조차 벨 훅스라는 여성과 나 자신을 다르다고 생각했기 때문이었다. 그는 나와 달리 흑인이었고, 어린 시절 계층은 낮았지만 페미니즘이 어느 정도 받아들여진 미국 내 최고의 명문대에서 교육받은 자였으며, 중년의 여성이었다. '그러니까 이런 듣기 좋은 말을 하는 거겠지.' 나는 나와 선을 긋고 구분하면서 읽었기에 벨 훅스의 말을 나 자신과 연결하여 이해하지 못했다. 벨 훅스를 '너'라고 상정한 지점에서 나는 그한테서 '나' 자신을 발견하지 못했던 것이다. 왜 어려운 책에는 극진한 대우를 하고 '자랑스러워' 하면서 수월한 벨 훅스의 언어는 나와 다르다고 여겼을까. 그 표백된 오해에는 벨 훅스가 지적했던 것처럼[3] 인종이라는 요소도 함께 교차했다.

　페미니즘에는 하얗고 작은 옷 하나가 있고, 나 역시 편히 생산된 그 옷을 자주 소비하여 그것이 '그것'으로만 소비되고 유통되도록 두고 있었다. 게다가 나와 같은 지향을 공유하는 모임의 사람들은 이러한 옷에 익숙하기 때문에 나는 자유롭지도 않은 프리사이즈 페미니즘을 바꿀 필요조차 못 느꼈다. '어려운 말'이 공용어인 사람들끼리만 페미니즘을 향유하니, 대중적 언어가 부재한 곳이 분명히 존재하고 인권이 보편적이라는 사실을 자주 망각했다. 벨의 '쉬운 말'이 멋진 학계의 의복이 아니라고 생각해 사실 나에게 더 편한 옷이 될 수 있음에도 이를 불편해 했다. 동시에 나는 어려운 말을 이해할 수 있는 여성이니 스피박이 목이 터져라 말하는 서발턴과도 가까워질 수는 없다고 생각했고, 그 결과 얼굴도 목소리도 모른 채 '그들'로 남은 그 여성들은 서발턴이라는 이론의 명칭으로만 내 머릿속에 공허하게 남게 되었다. 나는 '모두'를 위한 페미니즘을 안다고 생각했으나 이데올로기 뒤에 실존하는 여성들이 있다는 사실을 까맣게 잊었던 것이다. 그 결과 천천히 뜨거워지는 냄비 속 개구리처럼, 스스로도 모르게 내 페미니스트라는 정체성은 똑똑한 언어들로만 똘똘 뭉쳤다. 그리고 이런 나의 선택은 누군가의 배제를 동반했다.

그렇다면 이러한 '아는 척하기 좋은' 언어를 잘게 잘게 부수고 벨 훅스의 말처럼 모두를 위한 페미니즘을 실천하기 위해서는 무엇이 필요할까. 이를 위해 우리 몸엔 어떤 옷들이 필요할까. 왜 나는 종종 페미니즘에 대해 오해받지 않게 페[fe]미니즘이라고 '네이티브'처럼 발음하고, 엘리트 여성의 책들을 인용하며 '그들'을 설득하려고 했을까. 나는 왜 스피박을 인용하는 것을 즐겼을까. 왜 이를 '즐겼을까.' 권력이 만들어준 아늑한 공원에서 페미니즘을 배운 내가 '모두를 위한 페미니즘'을 무슨 수로 언어화할 수 있을까. 책의 마지막 페이지를 읽자 마침표를 찍었다고 생각했던 지점들에 또 다른 질문들이 어지럽게 피어났다.

스피박의 '어려운 언어'가 의미 없어졌다는 말을 하려는 것은 아니다. 이러한 이론을 창발한 여성학자들을 무조건적으로 인용하지 말자는 말은 기존 여성학자들이 축적한 연구들을 존중하지 않는다는 말이 될 수 있을 것이다. 앵무새식, 보여주기식의 이론 나열과 어려운 말의 재생산 대신에 그 속에서 서로와 모두의 말을 찾아내고 이를 내뱉어보는 것. 붕붕 떠 있는 말을 의자에 등 기대어 지켜보고 마는 것이 아니라 우리 몸을 앞으로 내밀고 그 속에서 새로운 지평을 찾는 언어를 새로 발견하는 것. 나는 그 지점을 찾고 싶어졌다. 그렇다면 무슨 수로? 나는 대단한 사람도 아닌데 말이다. 아무래도 나 하나로는 부족하다.

벨은 "페미니스트들이 다른 여성들이 저절로 페미니즘에 대해 지식을 습득할 것이라고 지레짐작해서는 안 된다"[4]고 말한다. 그야말로 우리에겐 모두를 위한 "길잡이가 부족하다."[5] 우리가 경험한 것들은 기호나 어렴풋한 기억으로서 조립되어 있고 우리의 몸 자체에 어지러이 자리 잡혀 있기에, 게으르고 뭉툭하기만 한 생각으로는 우리를 위한 페미니즘을 기어코 찾아내기 어려운 것 같

다. 때로는 똑똑해 보이는 멋진 말로 만들어진 의복 하나
가 실존하는 여성들을 숨 죽여 작게 만들기도 한다. 작아
진 여성들은 자매애의 힘을 망각하고 오롯이 자신의 안
간힘으로만 혼자 살아남아야 한다고 생각하게 된다. 홀
로서기라는 시련 속에서 누군가에게는 페미니즘이 '순진
한 소리' 투성이거나 똑똑한 척하는 '권력의 소리'이거나,
혹은 매번 화내야 하는 '성가신 소리'가 되어버려 외면당
하기도 한다. 하지만 페미니즘은 더 이상 유행하는 패션
하나로 소비되거나 특별한 누군가만 소비하는 게 아니라
우리에 관한 다채로운 사이즈의 옷들로 채워져야 한다.
프리사이즈 옷 하나가 존재할 수 없는 것처럼 우리는 우
리의 몸이 서로 다양하다는 사실을 인정해야만 한다. 모
두를 위한 언어를 말하는 벨은 프리의 의미를 되묻고 있
었다. 어쩌면 환상일 수도 있는 이 '모두'라는 벨의 말을
나는 이제 믿어보기로 했다. 나는 이제 우리 몸이 거슬려
하는 이 작은 하나의 틀이 불편하다고 말하고 싶고, 나 혼
자 우연히 맞아떨어졌더라도 이를 안도하는 대신 페미니
즘의 백색 보편성에 맞지 않는 그 여성들에 대해 생각해
보고 싶어졌다.

우리 모두를 위한 페미니즘, 어떻게?

 자매, 라고 한다면 왠지 몸이 움찔해진다. 나는 '나'에서 벗어난 여성들을 위해 얼마나 자주, 그리고 오래 생각해 봤을까. 당장 나도 나를 대변할 그럴듯한 의복을 찾지 못했는데, 다른 '나'들은 어떻게 지내고 있을까. 이들이 어떤 곳에 사는지, 어떤 조건에 처해 있는지, 어떤 성 지향성을 가지고 있는지, 어떤 교육적 조건에 처해 있고 어떤 표정들을 짓고 사는지, 이들에게 페미니즘이 얼마나 중요한지, 모두 궁금해졌다. 벨은 나에게 그런 교차 지점들을 발견하게 해주었다. 여성들의 삶의 조건은 얼마나 샅샅이 갈라져 있는지, 자매애와 연대를 위해서는 어떤 상상력이 필요한지, 그리고 어떤 언어가 현재 부재한지 말이다.

 '여성'이라고 한데 묶이는 우리는 마냥 반가운 시간도 잠시, 종종 서로라는 길에서 이탈하는 상황들을 마주한다. 나는 나처럼 사람들이 페미니즘에 "도취"[6]되기를 바랐지만 '나'라는 사람의 페미니즘에서 벗어나지는 못했던 모양이다. '페미니스트인 동시에 똑같은 사람이니 당연히 이런 일이 생길 수 있다'는 것을 머리로는 이해하지만, 이 구간에서 일종의 편견을 내 마음속에 심어버린다.

'이 친구는 아예 이 주제에 관심이 없나 보네, 나랑 안 맞나 보다.' '이 친구는 페미니즘을 아예 모르네, 좀 불편하다.' '아, 이 친구는 너무나 과격해, 난 그 정도 아닌데.' 나는 여성들을 구분하고 단점을 찾는 데 익숙해진 가부장제 사회에서 '페미니즘'이라는 이름으로 자신뿐 아니라 다른 여성들 역시 자주 범주화하고 배제했다.

그러나 우리는 발가락이 걸리적거리는 양말, 길이가 너무 짧은 니트, 지나치게 헐렁한 모자를 모두 '프리'라고 부르는 세상에서, 우리 몸들에 꼭 맞아 자유롭다고 느끼게 해줄 진짜 프리한 옷을 찾고 싶다는 열망으로 함께 모인 여성들이다. 우리 모두는 페미니스트로 정체화했느냐 아니냐에 상관없이 수많은 불편함에 대한 공동 기억 속을 걸으며 함께 나아가고 있는 여성들이다. 우리는 '모두' 이 좁은 터널을 걷고 있고, 나는 우리 각자가 어떤 미사여구나 레이블을 달고 있건 서로 지지하고 연대해야 할 필요가 있다는 것을, 벨을 통해서야 발견했다. 오늘 나에게 맞는 옷을 찾았다고 해도 내일 당장 또 다른 불편한 옷을 입을 수도 있는 우리들은 오늘의 불편이 단순한 불평이 아니라는 것을 잘 알기에, 우리의 투정들은 이제 서로의 인정이 긴요하다. 유행하는 패션을 넘어서, 설령 그것이 내가 가진 권력을 내려놓아야 하는 일일지라도 다른 여성들이 살아가는 수많은 짙은 '삶' 자체에 대해 자주 생각해보자.


## 우리에게 필요한 것은 상상력이다

이제 벨 훅스는 하늘로 떠났다. 그의 죽음은 그가 남긴 '모두를 위한 페미니즘'이라는 유산을 안고 연대의 힘을 다시금 되짚어야 할 때가 찾아왔다는 경종을 울린다. 벨은 스스로 페미니스트라는 이름을 가진 사람들이 '가난의 여성화'와 같은 문제들에 쉽게 등을 돌린다고 말한다.[7] 그리고 이러한 엘리트 중심적 페미니즘 문제를 해결하기 위해 우리가 가져야 할 것은 '상상력'이라고 했다.[8] 비록 《모두를 위한 페미니즘》에서는 상상력에 대해 더 깊은 해석이 나오지 않지만, 나는 오히려 그렇기에 상상력을 해석하는 그 지점을 나와 벨의 첫 번째 탐험지로 정할 수 있었다. 벨의 책과 타 페미니즘 책을 더 읽어나가면서 내가 해석해본 상상하기란, '내'가 놓인 현실에 대해 먼저 인지하고 '너'의 현실에 부재한 것이 무엇인지 살펴본 뒤 '우리' 각자가 놓인 위치를 상상해보는 것이다. 스피박도 이러한 상상력에 대해 말한 적이 있다. 스피박은 약자 교육에 대해 고민하면서 상상하기에 대한 중요성을 깨닫는데, 이러한 상상하기는 약자가 누군가의 부름에 종속된 존재로서가 아닌 자유가 재분배되는 윤리적 지점에 놓여 상상되어야 하는 것을 의미한다(역시 어렵다). 스피박은 상상력을 통해 서발턴이 타자가 아닌 행위자agent로 탈바꿈하는 교육이 이루어져야 한다고 덧붙이기도 한다.

　알 듯 말 듯한 이 상상력이라는 개념은 쉽게 말해 누군가가 '된다'는 것이다. 물론 누군가가 된다는 것은 그야말로 참 되다. 내가 다른 사람을 알기 어렵듯 다른 사람도 나를 잘 모르기 때문이다. 하지만 그 단순한 명제를 온전히 인정하고 가야만 서로를 이해할 수 있다는 해결의 빛을 던질 수 있을 것이다. 가장 먼저, 상상하기는 상대인 '너'를 또 하나의 '나'라고 생각하는 것으로 시작한다. 매일매일 꾸미는 여성과 꾸미지 않는 여성은 자신이 인정받을 수 있는 조건부터 다른 환경에 속해 있을 수도 있다. 주식 투자를 하고 돈을 모으는 여성과 주식 투자를 하지 않고 돈을 자신이 살아남는 문제에 온전히 사용하는 여성은 지향하는 페미니즘의 이상과 각자가 속한 삶의 조건이 다를 수 있다. '정상 오르기'에 초점을 두지 않는 여성들은 소위 '페미니즘 의제'를 몰라서 그런 것이 아니라 모두 다른 삶의 목표를 가지고 있기 때문이다. 잠시 연대를 하지 않는 '그'

여성은 자신의 삶에 지금의 의제가 당장은 와닿지 않지만, 어제까지는 다른 의제에서 계속 뛰어다니다 쉬어갈 타이밍이 필요한 사람일 수도 있다. 우린 이미 경험을 통해 매번 투쟁에 뛰어들 수 없다는 사실을 잘 알고 있고 나는 이해를 위한 촘촘한 틀이 이미 우리 안에 있다고 믿는다. 여성 이민자의 '답답한 언어'는 내가 언제든 타국에서 겪을 수 있는 일이다. 게다가 그의 입장에서는 자신의 말을 찰떡같이 알아듣지 못하는 나의 제한된 이해력이 오히려 답답할 것이다. 나는 늘 목표언어를 능숙하게 했던가? 내 마음속 작은 질문 하나가 '너'를 이해할 수 있는 틀을 마련해주기도 한다. 여성 청소 노동자의 휴식 공간에 대한 고민은 '을'로 살아가는 우리 모두의 문제가 된다. 당사자주의라는 말이 무색하게 '나'의 당사자인 내가 '너'의 당사자인 너를 이해하는 것이 바로 '상상력'을 갖는 첫 번째 방법이라고 생각한다. 벨은 우리의 상상이 "구체적인 현실에 뿌리를 내릴 수 있어야 하고 동시에 그 현실을 넘어설 미래를 그릴 줄도 알아야 한다"[9]고 말한다.

벨과 내가 다른 인종, 다른 국적, 다른 배경을 가지고 있었음에도 나는 벨의 말에서 '나'를 마주하고 또 내 친구를 목격하고, 엄마를 발견하기도 한다. 벨에서의 발견처럼 나는 유튜브 영상에서도, 논문 속에서도 나와 또 다른 여성을 발견하기에 자주 마음이 아리고 아득해진다. 우리는 상상 속에서, 타인의 '너' 속에서 '나'를 발견할 수 있기에 우리의 몸으로 반응할 수 있다. 우리가 불편한 옷을 입으면서도 자주 참은 그 몸의 기억은 타인의 기억과 기적처럼 연결된다.

더 나아가 나는 '나'와 '너'라는 이분법적 구별을 넘어 '모두'라는 새로운 에너지를 지속적으로 상상할 수 있어야 한다고 생각한다. 그러면 나와 상대에게서 "있어야 할 것이 없다"는 것을 알아차릴 수 있을 것이다. 나는 바로 그 길에서 발견하는 나와 상대의 파인 자국에서 부재를 메우기 위한 실천의 고민을 나누며 우리를 대변할 유연한 언어가 다양하게 창발될 수 있다고 믿는다. 저항이라는 프레임을 상상하고 새로운 담론의 지평을 기획하면[10], 이 과정이 매개가 되어 때로는 우리가 아직 이름 붙이지 못한 새롭고도 뼈아픈 정체성을 발견할 수도 있을 것이다. 아직 우리의 정체성이 명확하지 않아도 된다. 그 정체성을 정의하는 과정 속에서 '나'가 된 우리는 더 구체적인 나로 살아남고 서로를 위한 정체성을 창발하여 결국 '모두' 살아남을 수 있을 테니까.

물론 서로를 늘 애중 어린 눈으로 바라봐준다는 것은 일종의 애정이고, 이를 끊임없이 나누는 것은 여간 체력

이 필요한 일이 아니다. 하지만 우리는 '모두'라는 이름
으로 버틸 사랑이 있어야 사회의 시련 속에서도 단단해
질 수 있다. 나는 더 이상 "아프니까 청춘이다"라는 누군
가의 말을 믿지 않는 것처럼 여자들의 "아팠기에 성장했
다"라는 말을 믿지 않는다. 우리는 '그' 폭력과 불편한 프
리사이즈 옷이 있었기에 잘 자란 것이 아니라 그럼에도
서로가 있었기에 기어코 살아남은 것이다. 이를 위해 나
는 우리가 '서로 되기'를 상상하면서 이 시대 여러 경계에
서 저항하고 있을 모두에 대해 능동적으로 사유할 수 있
기를 바란다. 물론 서로라는 길에 매번 포근히 몸을 누일
수는 없겠지만, 나는 모두의 문제를 바로잡기 위해 무엇
이 서로에게 필요한지를 찾고, 서로가 특정 고민에 대해
함께 어떤 방법을 취할 수 있을지 생각하는 자체가 모두
를 위한 연대이고 지지라고 생각한다. 우리는, 우리만큼
은 서로가 서로의 문제에 대해 "안 겪어봐서 모르겠어"라
고 무언갈 변명하지 말고 서로를 위한 상상을 자주 시도
해보자. 우리는 분명 이음새처럼 서로 유기적으로 연결
되어 있다. 그리고 그 몸의 연결로 우리는 자주 살아남는
다, 살아남았다.

상상을 통해 우리는 가부장제를 순식간에 타파할 수
있을까. 상상은 비효율적이고 느리다. 서로에게 자신을

발견하며 이해한다는 것은 여간 느린 일이 아니다. 하지만 우리는, 여성들은 효율과 빠름에 자주 다쳐왔다. 회사에서는 남성들끼리가 업무나 접대에 더 효율적이라는 이유로 승진에서 제외되고, 수많은 의료 제품은 건강한 남성이라는 하나의 기준으로 만들어진다. 하나의 기준에 사는 세상과 달리 마냥 조급하지 않은 이 상상력 덕에 우리는 불가능해 보여도 끝까지 걸어나갈 수 있는, '모두'라는 힘을 흔쾌히 얻게 된다. 연대 속에서 서로의 말을 확인할 수 있는 책, 신문, 칼럼, 음악, 영화, 그리고 이야기를 쌓을 수 있는 매체도 중요할 것이다. 거창한 매체가 아니어도 우리 여성들이 일상적으로 페미니즘에 대해 말하는 솔직한 수다 역시 우리에게 새로운 언어를 발견하게 도울 수 있을 것이라 믿는다. 내 몸이 어떤 기분을 느꼈고, 어떤 폭력을 느꼈고, 이를 우리가 머리를 맞대어 어떻게 표현하면 좋을지……. 우리가 발견한 모두의 몸과 말은 올바르게 보이는 가부장제라는 효율적이고 깔끔한 배열에 균열을 낼 힘을 얻을 수 있을 것이다. 특정한 지혜를 가진 대단한 사람을 위한 페미니즘이 아닌 미완인, 그리고 앞으로도 미완일 모두를 위한 페미니즘이 되기를. 이러한 연대의 방향이 바로 우리를 위한 페미니즘일 것이라고, 나는 믿고 있다.

《올 어바웃 러브》

*All about Love: New Visions* (1999)

# 사랑을 찾는 여정

레일라

"내가 사랑에 관한 책을 쓰기로 결심한 것은 사랑의
부재 현상이 초래할 위험을 경고하고 다시 사랑으로
돌아가자고 호소하기 위해서다. 우리가 다시 사랑으로
부활할 수 있다면 영원한 삶을 약속받게 될 것이다.
우리, 마음을 활짝 열고 이야기를 나눠보자.
그게 바로 사랑의 힘이다."

—《올 어바웃 러브》, p.8

책 소개

《올 어바웃 러브》는 사랑을 말하면서도 사랑을 이해하지 못하는 사람들을 위한 교과서로, 공정함, 정직함, 탐욕, 존중, 로맨스, 상실, 치유 등 열세 개의 시선으로 사랑을 조망한다. 벨 훅스는 오랜 기간 사랑에 대한 왜곡된 생각들을 바로잡고 올바른 정의를 논의해왔다. 그는 여행할 때 원하는 목적지로 가기 위해 지도를 필요로 하는 것처럼 사랑이 간절한 우리에게도 목적지로 안내할 수 있는 지도는 필수적이라고 말한다. 그 출발점은 우리가 사랑을 이야기할 때 그것이 의미하는 바를 정확하게 이해하는 것이다.

우리는 사랑이 대체 무엇인지 의문을 제기하는 시대를 살고 있다. 벨 훅스는 모두가 사랑과 삶을 긍정하고 표현했던 1960~1970년대와는 달리, 현대는 사랑을 냉소하는 분위기임을 짚어내며 젊은이들의 냉소주의 문화에 안타까움을 숨기지 않는다. 그는 책에서 사랑에 아무런 희망을 품을 수 없는 상황에서도 사랑을 찾으려는 열망을 포기해서는 안 된다는 것을 꾸준히 상기한다. 사랑에 관한 이론이나 실천을 담은 학술서든 대중서든 '여성'이 쓴 자료는 찾기 어려웠던 때부터 꾸준히 사랑의 의미를 깊이 탐색해 온 그는 사랑은 파트너뿐만 아니라 자기 자신과의 사랑, 부모-자식 간의 사랑, 공동체, 영성, 우정 등 다양한 모습을 통해 존재한다는 것을 자기 경험과 연구를 토대로 녹여냈다. 그가 사랑을 정의하는 데 있어 강조한 것 중 한 가지는, 애정은 사랑의 한 요소일 뿐이며 사랑을 하기 위해서는 상대에 대한 관심과 보살핌, 상대를 인정하고 존경하는 태도, 상대에 대한 신뢰와 헌신, 솔직하고 개방된 커뮤니케이션 등이 필요하다는 것이다. 이 책에서 여러 번 인용되는 정신의학자 스캇 펙의 정의는 "자기 자신과 다른 사람의 영적인 성장을 위해 자아를 확장하고자 하는 의지"이다. "사랑은 실제로 행할 때 존재한다. 사랑하려는 의지가 발현될 때 존재할 수 있다"는 것이다.

벨 훅스는 사랑을 배우는 최초의 학교인 가정에서부터 시작하여 부모가 아이를 체벌하는 것이 어떻게 아이가 사랑을 갈구하는 모순된 처지에 빠지게 만드는지부터 설명하고 있다. 우리는 어린 시절부터 사랑을 배워야 함에도 그 누구도 이를 명확하게 정의해주지 않기 때문에 사랑을 갈구하면서도 동시에 혼란스러워하며 성장한다. 가혹한 체벌 앞에서도 '사랑의 매'라는 이름하에 어른들의 사랑을 납득해야 하고, 결국은 사랑의 모순된 처지에 빠지게 된다. 우리 문화에는 자기 자식을 사랑하고 올바르게 키우려면 폭력을 써도 상관없다는 사회적 분위기가 만연하다. 하지만 벨은 사랑의 토대를 이루는 것은 보살핌과 애정이지, 결코 학대와 무시가 아니라고 명확하게 이야기하고 있다. 가정에서 부당하고 강압적인 대접을 받을 때 아이들이 기댈 수 있는 곳은 법이나 제도가 아니라 선의를 가진 어른들뿐이기 때문에 아이들의 사랑할 수 있는 능력은 다른 곳이 아닌 가정에서부터 시작되어야 한다는 것이다.

또한 사랑은 남녀노소 할 것 없이 '상대방'과 '나'를 향한 솔직함이기도 하다. 벨 훅스가 말하는 정의로움의 핵심은 진실을 말하는 것, 즉 우리 자신과 세계를 있는 그대로 바라보는 것에 있고 이는 우리의 만들어진 '남성성', '여성성'과도 직접적인 관련이 있다. 우리 문화가 사랑을 제대로 알지 못하는 주요한 까닭은 거짓말이 널리 수용되기 때문으로, 벨은 가부장제 사회에서 이러한 거짓말이 어떤 식으로 용인되는지, 여성과 남성의 거짓말은 어떻게 다르게 받아들여지는지를 조명했다. 벨은 모두가 사랑을 실천할 수 있는 튼튼한 토대가 형성되기 위해서는 사랑이 결여되지 않은 환경이 조성되어야 한다고 말한다. 여기서 우리는 이 문제를 '정직함'의 키워드와 함께 들여다볼 필요가 있다. 일상의 아주 사소한 일에서부터 사용되는 거짓말, 나 자신을 지키기 위한 교묘한 거짓말, 상황을 모면하기 위한 거짓말 등 우리는 하루에도 수십번 거짓말을 한다. 미국의 페미니스트 작가 존 스톨텐버그John Stoltenberg는 "가부장제 문화에서 제시하는 이상적인 남성상은 남자들이 스스로 거짓 자아를 만들어내고 거기에 자신의 모든 것을 쏟아부어야만 따를 수 있는 것"이라고 말하면서 왜 대부분의 남성들이 어릴 때부터 울면 안 되고 고통을 표현하면 안 된다고 배우는지에 대해 설명한다.[1] 책은 사랑에 정직함이 즉 사랑에 진실한 것이라고 설명하며 자신의 참된 감정으로부터 소외된 남성들의 의식과 행동, 성차별적인 시각이 지배하고 있는 사회에서 다른 사람의 마음에 들기 위해 가짜로 꾸미는 여성들의 말과 행동을 꼬집는다. 이는 곧 자기애와 연결되고, '자기 자신과 다른 사람의 영적인 성장을 위해서 자아를 확장하려는 의지가 사랑'이라는 사실로 통합된다는 것이다.

　나를 포함한 많은 독자가 이처럼 다양한 사랑의 정의
에 관해 읽으면서 드는 반문은 사실 '그래도 사랑은 달콤
한 것'이라는 속삭임일 것이다. 대표적인 예로, 존 그레
이의 책《화성에서 온 남자, 금성에서 온 여자》가 경전처
럼 읽히고, 남녀를 차별적으로 구분하고 대하는 일을 장
려하던 시대를 살아온 사람들은 아직도 남자는 필연적으
로 권력을 원하고, 여성은 감정적인 친밀함과 유대감을
원한다고 생각하는 측면이 있다. 이처럼 사랑을 권력관
계로 배우고 자란 우리는 파트너와의 유대 속에서 애정
과 관심에만 집중하며 이것이야말로 사랑이라고 스스로
에게 암시를 건다. 하지만 벨은 사랑이 무엇인지 제대로
모르는 사람은 권력의 역학 관계 안에서 편안함을 느끼
고, 평등한 관계에서는 오히려 상대가 언제든지 배신할
수 있다는 두려움 때문에 상대를 깊이 신뢰하지 못한다
고 설명한다. 남녀 차별주의적 사고와 성별 차이를 단순
하게 분류한 설정만이 진실이라고 생각하고 행동하는 사
람들은 사랑을 제대로 이해하는 것이 불가능하기 때문에
실제 연인 사이에서 갈등을 초래할 수밖에 없다. 벨 훅스
는 이를 남성과 여성 모두에게 피해를 주는 일이라고 설
명하며, 남녀가 서로 다른 성역할을 가져야 할 이유는 존
재하지 않는다고 거듭 강조했다.

그는 동시에 자기 내면에 얼마나 사랑이 없는지를 깨달고, 고통스럽지만 그 사랑의 부재를 솔직히 털어놓는 것은 우리가 다시 사랑의 길로 들어설 수 있는 유일한 방법이라고 호소한다. 이런 맥락에서, 관계에서 오직 로맨틱함만을 바라거나 사랑에 '빠지기'만을 기다리는 것은 사랑을 실천하고 책임지는 것과는 정반대의 일이 된다. 에리히 프롬이 《사랑의 기술》에서 이야기한 것처럼 사랑은 '행동', 즉 '본질적으로 자신의 의지가 담긴 행동'이다. 벨 훅스는 갑작스럽게 사랑에 '빠지는' 것보다는 파트너가 될지도 모를 사람과 시간을 두고 서로의 생각과 욕망에 관한 얘기를 나누는 것이 더욱 진실되고 진정한 것이라는 사실을 강조한다. '사랑에 빠진다', '첫눈에 반한다' 등 우리가 기존에 가지고 있던 사랑의 언어를 바꿔야 하는 이유는 여기에 있다. 어떤 사람을 만났을 때 한눈에 '딱' 반하는 감정이란 그렇게 대단한 것이 아니다. 그 사람과 뭔가 '연결'되어 있다는 것은 신비로운 감각이긴 하지만 그 자체가 곧 사랑은 아니라는 사실을 받아들이면 상대방의 진짜 모습을 보게 되고, 이런 사랑은 서로를 영적으로 성장시키고 더 나은 방향으로 변화시키고 있다고 느끼게 된다.

나에게도 한참 사랑을 갈망하고 찾아 헤매던 시기가 있었다. 사랑에 취해 살던 때도, 이제 더 이상 사랑 따윈 필요 없다고 외칠 수밖에 없던 허망한 때도 모두 겪었다. 모두 내가 나만의 언어로 사랑을 소화하고 겪는 과정이었다. 나도 모르게 '사랑에 빠진다'는 개념을 믿고 꼭 끌어안고 살았지만, 그런데도 나는 사랑에 '빠져야만' 나의 정체성과 존재가 인정되는 것 같은 사랑 신화에 미묘하게 거북한 감정을 느껴왔다. 그동안 내 안에 생겨난 수많은 물음표에 흐릿하게나마 마침표를 찍을 수 있었던 건 사랑을 끈질기게 놓지 않으려는 노력 덕분이기도 했지만, 벨 훅스가 마침내 자기 삶에 부재한 사랑을 진술하게 털어놓고 사랑의 진정한 의미를 전한 이 책의 메시지를 내 삶에도 점차 적용할 수 있게 되었기 때문이었다. 이전의 나와 다를 바 없이 사랑에 '성공'하는 길이 있다고 믿는 독자들의 손에 이 책을 들려주고 싶다. 우리는 우리 자신의 행복에 스스로 책임질 수 있으며, 자신이 입은 상처를 고백하고 거기에서 벗어나기 위해 노력할 수 있다. 그의 현명한 통찰력과 사랑을 향한 흔들리지 않는 믿음이, 모두가 삶에서 사랑을 찾고 행하는 긴 여정에서 등불같이 환한 안내서가 되리라 믿는다.

사랑을 갈망하는 자

한창 TV를 틀기만 하면 나오는 연애 리얼리티 프로그램에 빠져 열렬하게 출연자들에 감정을 이입하고, 마치 내가 설레고 아픈 것처럼 대리 연애 감정을 느끼던 때가 있었다. 친구들과 만나면 '그런 사랑'에 대해 토론하며 사랑 예찬론자를 자처했었다. 그러나 나는 스스로 사랑의 전도사라고 외치는 동시에 사랑과의 거리 조절에 실패하여 관계로부터 도망치거나, 반대로 내가 상처를 안겨주기도 하는 일들을 여러 번 반복했다. 좌충우돌의 연애 패턴이 20대 내내 반복되자 친밀한 관계의 지인들이 하나둘 불안한 시선을 보내왔다. 나 또한 이즈음 찾아온 혼란스러운 감정을 한마디로 정의하기 어려웠다. 그토록 사랑에 관해 확신했고 언젠간 해피 엔딩을 맞이할 거라는 꿈을 놓지 않았던 나는 방향을 잃기 시작했다. 사랑이 영화처럼 이끌리는 감정에 충실하고, 경쟁하고, 몇 번의 저녁 데이트로만 결실을 보는 해피 엔딩 또는 새드 엔딩인가? 늘 설레는 연애를 하고 싶다고 말하면서 사랑에 대해선 생각해보지 않은 나는 사실 연애 리얼리티 프로그램같이 순간의 감정에 충실하기만 한 만남을 반복하고 있었다. 이번 연애는 몇 개월짜리지? 이 사람은 저번 사람보다 뭐가 낫고, 뭐가 다르지? 어제 다르고 오늘 다른 나인데……. 현재의 파트너는 나와 나누는 사랑의 의미를 알고 만나는 걸까? 질문을 하나둘 품기 시작했지만, 미디어와 세상이 입 모아 말하는 '사랑의 설렘'을 거스르는 길을 걸을 만큼 현명하진 못했다. 하지만 그런 나에게 그 누구도 정답을 알려주지 않았다.

지금 하는 연애는 대충 흐린 눈으로 봐야만 지속할 수 있음을 점차 깨달은 나는 현실을 직시했다. 대학을 마치고 근근이 프리랜서 재즈연주자로, 실용음악 학원 강사로 활동하던 2019년 말, 유학을 결심했다. 주변에 한두 명씩 결혼을 전제로 연애 중이라는 소식을 알리는 커플들도 있었지만, 나는 당장 코앞에 찾아온 커리어 전환을 외면할 수 없었다. 어차피 내 안에 피어난 수많은 질문은 살짝 묻어두었어야 했다. 사랑 타령보다는 지금의 내 살길이 더 급하다고 판단한 것이다. 이후 파리 음악원에서

의 연주자 과정 자체도 쉽지 않았지만 언어의 어려움이
나 생활고 등으로 예상보다 고달팠기에 나는 여전히 한
참이나 사랑의 얼굴을 외면했어야 했다.

　석사학위 취득에 중요한 기점이 될 학기 중간고사를
준비하던 한 여름, 시험은 다가오는데 작곡 진행은 생각
보다 더뎌 멍하니 시간을 보내고 있던 어느 날이었다. 문
득 강 건너 한 골목길에 있는 작은 도서관의 모습이 떠올
랐다. 왠지 그곳에서 내게 필요한 것을 찾을 수 있을 것
같았다. 가방을 집어 들고 나와 도서관으로 향했다.

　도서관 2층에서 주제별로 가지런히 분류해둔 책들 사
이로 '사랑'이라는 키워드가 눈에 띄었다. 열심히 위아래
로 훑어보았지만 마음에 들어오는 제목은 없었다. 문득
프랑스 고전 칸에 꽂혀 있는 프랑수아즈 사강의 책《슬픔
이여 안녕》이 보였다. 오래전에 읽었기에 내용이 가물가
물한 책이었고, 딱히 어떤 기대를 하고 집은 건 아니었다.
그러나 이내 몇 년 전, "나는 사랑에 대해 아는 것이 거의
없었다. 몇 번의 데이트, 입맞춤 그리고 그 후에 찾아오는
권태 이외에는"이라는 주인공 세실의 고백 부분을 읽고
나서 부끄러움과 흥분에 휩싸였던 기억이 어렴풋이 솟아
났다. 구체적으로는 안이 세실에게 "넌 사랑을 너무 단순
한 걸로 생각해. 사랑이란 하나하나 동떨어진 감각의 연

속이 아니란다……"[2]라고 나직하고 인내심 서린 목소리로 이야기하는 부분에서 작은 탄성을 내질렀던 것 같다. 이제까지 내가 한 사랑은 모두 그런 것이 아니었던가? 어떤 얼굴, 어떤 몸짓, 어떤 입맞춤 앞에서 문득 솟구친 감정……. 일관된 맥락 없는, 무르익은 순간들이 내가 사랑에 대해 가진 기억의 전부였다. 이제까지 내가 알았고 행했던 사랑은 그가 이야기하는 것과 크게 다르지 않았지만, 그 사실을 인정하는 일이 어려웠다. 사랑이 무엇인지도 모른 채 사랑을 갈망해왔고, 이는 당연하게도 늘 모든 시도에 '실패'하는 결과로 이어졌다. 사랑을 성공과 실패의 척도로 나누어 다루는 것 자체가 얼마나 잘못된 일인지 알지 못했던 나는 아주 오랜 시간 동안 사랑에 미혹된 상태와 다를 바 없었다.

내가 선택한 사랑을 알아가는 방법은 다름 아닌 사랑을 말하는 책 속을 헤엄치는 것이었다. 시험을 앞둔 몇 달간 파리의 여러 도서관을 찾아다니며 여러 작가들의 사랑에 관한 이론서와 심리서를 모조리 찾아 읽었다. 그중 프랑스의 철학자인 알랭 바디우를 통해 사랑을 배울 수 있지 않을까 기대했지만, 그의 논의엔 남성과 여성의 보편적인 차이를 이분법적으로 나누는 해석이 전제돼 있었다. 남성과 여성의 관점이 다르다는 주장이 틀렸다는 것은 이미 많은 연구를 통해 밝혀졌음에도 불구하고, '화성에서 온 남자, 금성에서 온 여자' 같은 이분법적 개념은 아직도 사회에서 통용되는 인식 중 하나다. 그 외에도 철학적으로 사랑에 접근했던 많은 학자의 이론은 그 시대의 사회 분위기가 구성하는 대표적인 사랑의 개념, 즉 사랑은 감상적인 기분이며 이는 성별에 따라 나누어진다는 해석과 연결되어 있었고, 과거로 거슬러 갈수록 개념은 시대성을 더욱 짙게 띠었다. 그들은 사랑의 정의를 신비스럽게 포장하고 흐리멍덩하게 이야기했다. 사랑에 관한 연구를 파헤칠수록 미궁에 빠지는 기분으로 한참을 떠다니다 벨 훅스의 책을 만났다. 벨은 바디우가 주장하는 이러한 개념과 논의가 전에도 지금에도 대중적인 이유는 그것들이 남녀의 성역할이나 문화 차이, 그리고 사랑에 대한 기존의 고정관념을 힘들게 바꾸지 않아도 된다고 사람들을 안심시키기 때문이라고 말하며, 사랑의 본질을 이야기할 때 어떤 부분을 명확하게 드러내고 판단해야 하는지에 대해 썼다. 그는 문화비평가로서 미디어, 특히 영화와 잡지가 사랑을 다루는 방식 또한 다뤄왔는데, 그중 나는 특히 모든 사람이 사랑을 원하고 있지만 살아가면서 사랑을 실천하는 데는 서툴다고 말하는 메시지에 주목했다.

## 사랑의 클리셰

우리는 사회에서 각자 어떤 사랑을 경험할까? 사랑은 단일한 형태일까? 연인과 나누는 사랑, 우정, 가족애, 또 함께 일하는 사람들을 향한 동료애, 그리고 이를 넘어서는 인류애, 이 모든 것에는 어떠한 상이점과 유사점이 존재할까? 우리는 어쩌면 사랑의 의미를 훨씬 경시하고 있지는 않을까?

사회는 젊은 남녀가 독점적으로 나누는 밀착되고 친밀한 관계만이 사랑의 가장 평범한 형태라는 개념을 강조한다. 미디어에서는 남자친구와 여자친구 사이의 연애, 결혼, 출산 등을 생애 모델로 세워놓고 이를 삶의 '완성'으로 정상화하여 다루곤 한다. 하지만 아이러니한 점은, 우리 사회는 사랑이란 행위를 낭만화하기 때문에 사랑이 가진 다양한 면과 깊이를 열린 마음으로 해석하지 못한다. 기준을 세워놓고 그에 미달되면 진정한 사랑이 아니라는 평가를 하기 일쑤고, 사랑의 탈을 쓰고 파트너에게 지우는 책임도 그 무게가 적지 않다. '진정한 사랑'이라는 이름하에 지켜야 할 일종의 품위 유지비 또한 만만치 않다. 낭만을 상품화하는 일이 문화가 되었기에 매달 '○○데이' 상표가 붙은 물품들이 편의점과 마트 매대에 깔리는 건 기본이다. '사랑받는 여자친구가 되는 법', '남자친구가 준 선물 Top3' 등의 충고 게시물들, 연애·결혼·출산·육아를 일반화하고 정상화하는 수많은 메시지들이 미디어를 통해 넘치게 재생산된다. 사랑의 낭만성만을 강조하기 때문에 친구와 주고받는 우정, 동료들을 향한 존경, 이를 넘어서는 인류적인 사랑과 배려 등을 깊이 느낄 기회는 상대적으로 적을 수밖에 없고, 내 삶 도처에서 사랑을 느끼고 행할 수 있었던 지점들과 내가 그 사랑을 받아왔다는 사실을 구체적으로 알기도 쉽지 않다.

　나 또한 모두와 다를 바 없이 연인과 주고받는 사랑의 형태만이 가장 특별하다고 생각해왔다. 연인과의 시간이 다른 관계보다 더욱 소중했고, 불필요하다고 느껴지는 종류의 교류는 과감히 차단했으며 오로지 '연인'과 나누는 교감을 우선시했다. 하지만 이는 연인이 나에게 그를 향한 충성을 당연한 듯 강요하는 관계를 낳기도 했다. 나만 바라봐, 다른 남자랑 연락하지 마, 저녁 약속 취소하고 나와 데이트해. 지난 연인들은 이같은 구속이 오직 나를 불편하게 하거나 서로를 어긋나게 만드는 결과를 낳을 뿐임을 깨닫지 못한 채 사랑이라는 핑계로 관계를 비틀어댔다. '사랑'이란 이름 아래 '적당한' 거리를 유지하고 '존중'하는 방법을 배우지 못했으니, 알 수 없는 것은 당연했다.

흔히 연애는 한 사람을 가장 깊게 탐구하는 방법이라고 했다. 하지만 '얼마나' 깊게가 옳으며, '어떤' 방향이 적당한 걸까? 우리는 보통 연인과 관계를 맺는 내내 서로를 탐구하는 연인이기 전에 절친이 되기도 하면서 가장 긴밀한 사이로 지낸다. 나는 한 사람과 연인이 되면 사계절이 넘는 시간을 내내 함께 보내기도 했다. 가족보다도 더 가깝게 서로를 관찰하고 구속하고 얽으면서 남들 다 하는 '보통의 연애'를 즐겼다. 하지만 어떤 관계든 끝이 있는 법. 긴 연애가 끝나고 나면 연인과 헤어지는 것뿐만이 아닌, 나의 가장 구석까지 나누었던 절친 한 명을 잃는 것과도 같은 허무함에 시달렸다. 한 사람을 만나고, 서로에게 마음을 열고, 카톡과 SNS에 '우리'를 전시하고, 연애 상태, 즉 '사랑에 빠진 상태'임을 모두에게 전람하고, 몇 달 후 헤어지고, 또 그 사진들을 전부 내리고 삶에서 정리하는 일들이 반복되었다. 당시 나에게 물어본다면 나는 사랑에 진심이라고 답했을 것이다. 거짓말이 아니었는데, 왜 최선을 다한다고 믿었던 사랑은 이렇게 늘 아픔과 상처만 남긴 채 끝나야 했을까. 맹렬하게 사랑을 하고 있다고 믿었던 시기와 연인과 헤어지고 난 후의 간극에서 느껴지는 공허함을 도무지 견딜 수 없었다. 지나치게 집중하던 한 명의 대상을 머릿속에서 게워내듯이 다 쏟아 버리고 나면 늘 초로와 같이 느껴졌다. 무언가 잘못되었다는 생각이 들기 시작했고 이내 스스로 질문하기 시작했다. 나와 내 주변 모두 비슷하게 믿는 '맹목적인 사랑', '올인하는 사랑'이 잘못된 건 아닐까? 나는 사랑이라고 믿었던 과거에 왜 후회를 느낄까? 나는 진정한 사랑을 하고 있었던 걸까?

벨 훅스의 《올 어바웃 러브》, 에리히 프롬의 《사랑의 기술》, 《우리는 여전히 삶을 사랑하는가》, 일자 샌드의 《서툰 감정》, 시드라 레비 스톤의 《내 안의 가부장》 등과 같이 사랑을 이야기하고 사랑의 사회적 정의를 연구하는 사람들의 말에는 한 가지 공통점이 있다. 사랑은 다름 아닌 '나 자신'의 내면 세계를 들여다보고 성찰하며 나에 대한 학습까지로 확장하는 일이라는 것이었다. "어째서 때때로 자신이 미치광이나 바보 멍청이 같으며, 괴물처럼 느껴지는지를 제대로 파악하기 위해서는 자신의 과거, 특히 어린 시절을 비판적으로 되돌아보면 큰 도움이 된다. 자신이 무가치하게 느껴지는 근원을 깨닫는 것은 변화를 위한 첫걸음이다."[3] 사랑을 누구보다 알고 싶었지만, 나는 적지 않은 충격을 받았다. 사랑이 '타자'를 향한 것만이 아닌 나를 향한 것이라니. 사람들이 흔히 아는 나

르시시즘은 자기애와는 다르다. '자신을 사랑하지 못하면 다른 사람도 사랑할 수 없다'는 말은 널리 알려져 있으나 사람들이 주로 혼란스러워하는 이유는 자신이 사랑스러운 존재라고 생각하지 않는 사람들이 의외로 많기 때문이라고 벨은 말한다. 나는 주변에서 남들이 부러워할 만한 직장에, 꽤 잘나가 보이는 상황과 위치에 있는 사람들 중에서도 끊임없는 자기혐오에 시달리는 경우를 적지 않게 보아왔다. 이는 그들이 나약해서가 아니었다. 자신을 올바르게 사랑하고 알며 흔들리지 않는 중심을 가지는 일은 누구에게도 절대 쉽지 않은 일이다. 관계를 통해 안정감을 찾으려는 것은 잘못된 일이 아니지만, 그런 관계에서 우리는 진정한 '나'와 '상대'를 바라보지 못한 채 연인에게 지나치게 많은 것들을 바라는 동시에 관계 내에서 쉽게 자책을 하게 된다. 나 또한 정작 나는 스스로를 사랑하지 못한 채 불안하고 흔들리는 나를 내 앞에 있는 매력적인 상대가 그 누구보다 잘 알아주고 사랑해주길 바라왔다. 자신을 사랑하는 가장 좋은 방법은 평소에 다른 사람으로부터 받았으면 하고 꿈꾸는 사랑을 나 자신에게 주는 것임을 몰랐기 때문이었다.

《올 어바웃 러브》가 이야기하고자 하는 바는 이런 것들이다. 사랑은 복잡하고 어려운 것이 아니며 책임과 헌신, 즉 선택으로 인한 결과를 받아들이는 것이었다. 나는 그의 글을 읽을수록 나와 타자를 더욱 깊게 이해할 수 있게 되었고, 결과적으로는 내 삶에 적용해보고 싶었다. 이제야 사랑을 깨닫고, 실천할 수 있을 것 같은 용기가 샘솟았다. 하지만 그러기에 내가 행해온 사랑은 보잘것없이 초라했다. 이 책은 자기 내면에 얼마나 사랑이 없는지 깨닫고, 그 사랑의 부재를 솔직히 털어놓는 것이 우리가 다시 사랑의 길로 들어설 수 있는 한 방법임을 이야기한다. 나는 그의 글을 통해 그동안 내가 나와 타자를 어떻게 대해왔는지 되짚어 봐야 했다. 나에게는 나의 삶 속에 부재했던 것들을 마주할 용기가 있을까?

### 지난 사랑과 미래의 사랑에게 질문하다

벨은 우리는 흔히 '사랑'을 명사로 정의하지만 많은 이론가는 '사랑'을 동사로 사용해야 더 나은 사랑을 할 수 있다고 말하는 바를 강조한다. 사랑은 사랑하려는 의지가 발현될 때 존재할 수 있다는 사실을 몇 번이고 역설했다. "사랑이란 자기 자신과 다른 사람의 영적인 성장을 위해 자아를 확장하고자 하는 의지이며, 실제로 행할 때 존재한다. (…) 따라서 사랑은 의도와 행동을 모두 필요로한다. 여기서 의지를 갖는다는 것은 선택한다는 뜻이다. 아무나 다 사랑을 하는 것은 아니다. 사랑하려는 '의지'를 갖고서 사랑을 '선택'하는 사람만이 사랑을 할 수 있다."[4] 과연 나는 사랑을 동사로 여기며 선택하고 행동해왔는지, 나의 의지를 충분히 들이고 노력해왔는지, 사랑을 무조건 이상화하고, 흑백논리에 이끌려 사랑을 '우정 대 사랑' 같은 클리셰로 취급해오지는 않았는지 돌아본다. 사랑을 낭만적인 요소로만 보도록 부추기는 사회, '새우 까주기', '깻잎 떼주기 논쟁' 같은 사랑의 상투적인 개념들을 강요하는 사회, 사랑을 이분법으로만 해석하고 갈라치기하는 분위기는 그 어느 것보다 사랑이 필요한 우리 세계를 비판적으로 사고할 수 없도록 만든다. 사랑을 오직 낭만성을 띤 충동적이고 감정적인 것만으로 여기는 사회에서 사람들이 이런 사소한 문제의 우열을 가리지 못하는 것은 당연한 일이다.

"사랑의 낭만적인 개념이 지금도 여전히 존재하며 다소간 이 개념은 만남에다 사랑을 소진해버린다고 생각합니다. 다시 말해 사랑은 만남에서, 즉 있는 그대로의 세계에서 일어나는 마술적인 외재성의 한순간을 맞이하여 불타버리고, 소진되며, 동시에 소비된다는 말입니다. 또한 바로 여기에서 바로 기적의 범주에 속하는 어떤 것, 즉 존재의 강렬함, 완전히 녹아버린 하나의 만남이 도래합니다. 그렇지만 전반적으로 사랑이 이렇게 전개될 때 우리는 '둘이 등장하는 무대'가 아니라 '하나가 등장하는 무대'와 마주하게 됩니다. 이것이 바로 급진적이고 낭만적인 사랑 개념이며, 저는 이 개념이 거부되어야 한다고 믿고 있습니다."⁵ 알랭 바디우가 《사랑예찬》에서 말하는 바와 같이 벨 훅스 또한 낭만적 사랑의 함정에 관해 이야기한다. 벨 훅스는 토니 모리슨의 《가장 푸른 눈》을 인용하며 이런 말을 했다. "'로맨틱한 사랑'이라는 개념은 '인간 사고의 역사를 통틀어서 가장 자기 파괴적인 개념 중 하나'라고 정의했다. 그것이 왜 파괴적인가 하면 상대를 선택하려는 의지나 선택할 수 있는 능력 같은 건 전혀 없어도 얼마든지 로맨틱한 사랑에 빠질 수 있다고 믿게 만들기 때문이다. 오랜 전통 속에서 계속 이어져온 이런 환상 때문에 우리는 사랑하는 법 같은 건 배울 필요가 없다고 믿게 되었다. 우리는 이런 환상을 계속 유지하기 위해 사랑을 로맨스로 대체하고 있는 것이다." 미디어에서 말하는 로맨스는 주로 여성들이 갈망하고 도모하는 것으로, 선택이나 의지 따위와는 먼 압도적인 감정이나 욕구를 충족하는 것을 말한다. 우리 사회문화가 우리에게 주입하는 이러한 '로맨스'란 신적인 것에 가까우며 거의 모든 상황에 적용되기도 한다.

나의 10대엔 흔히들 말하는 풋사랑, 첫사랑이 존재했고 20대에는 대학에, 30대에는 직장, 사회, 모든 분야에 온갖 로맨스 서사가 **빽빽하게** 끼워져 있었다. 로맨틱한 관계를 맺는 과정에서의 설렘을 강조하고 환상을 부풀리는 데 초점을 맞출 뿐, 이를 유지하기 위해서 어떤 과정을 대비하고 희생해야 하는지, 그리고 이것이 한 개인에게 어떤 의미인지에 관해 진지하게 논하는 장은 사회 전반 그 어디에도 찾을 수 없었다. 사람들이 친구와 애인 사이의 선을 '지키는' 일에 이토록 공분하는 것은 연인 관계를 이분법적 가르기로 후려치는 환경에서 어찌 보면 당연한 일이지 않을까. 사회는 로맨틱한 관계를 맺을 사람만 만나면 모든 게 다 잘 풀리고 사랑도 자연스럽게 이루어진다고 믿도록 가르치며, 마치 진정한 사랑을 이루면 누구나 평생 행복한 끝을 쉽게 맞이할 거라는 환상을 심는다. 살다 보면 불현듯 내 앞에 '짠' 하고 나타나는 그런 사랑, 만나면 한눈에 알아볼 수 있는 그런 사랑, 그런 마법 같은 순간을 모든 미디어에서 속삭이고 있다. 그러나 벨 훅스의 말처럼, 우리는 이상적인 연인이 출현하기를 기대하면서도 실제로 그런 존재를 만났을 때 그들과 무엇을 할지에 대해서는 구체적으로 생각해본 적이 있을까? 우리가 원했던 사랑이 어떤 것이었는지, 그 사랑을 이루기 위해서는 어떻게 해야 하는지 알고 있을까?

이러한 질문을 끊임없이 갖게 된 배경에는 대중문화가 있다. 벨 훅스는 책에서 우리가 폭력을 미화하는 이미지를 대중에게 끊임없이 노출하며 사랑에 대한 개념을 잘못 심어주는 미디어와 사회 속에 살고 있기에 질문은 반복될 수밖에 없다는 말로 우려를 명확하게 표현한다. 현실은 너무나 페미니즘과 동떨어져 있는 동시에, 가부장제를 지지하는 사람들의 가치가 반영된 이미지와 영상은 공기처럼 우리 주변을 둘러싸고 있기 때문이다. 그는 대중문화가 사랑을 항상 판타지로만 취급하는 데는 문화뿐 아니라 일상생활에서도 대부분 남성들만이 사랑에 관한 담론을 주도했기 때문일 것이라고 분석한다.

내가 어떠한 인풋을 받아들이느냐에 따라 나를 구성하는 것들은 달라진다. 스마트폰이라는 작은 기계에 의존하게 된 나는 스스로 생각하고 결정하는 것을 겁내게 되었고, 무작위로 생생하게 전해지는 이미지의 영향 아래서 속절없이 흔들린다. 생각해보면 내 정체성의 8할을 이루는 것은 어릴 때 본 TV 속 여성을 다각도로 멸시하는 구도의 장면, 남성과 여성은 '원래' 이래야 해, 라고 후려

치던 가부장적인 대사, 이성끼리는 친구가 될 수 없다는 놀라울 정도로 터무니없는 주장 등이었다. 이런 환경에서 우리는 어떤 보통의 '사랑 개념'을 습득해왔을까 질문해보자고 권하고 싶다.

사랑은 모두가 겪는 불가결한 경험이다. 매일같이 사랑에 울고 웃고 사랑 때문에 죽네 사네를 외치기도 하고, 사랑 따윈 필요 없다는 냉소적인 태도로 하루를 살기도 한다. 현재에도 사회에는 사랑에 대한 담론이 넘쳐나며, 누군가는 불분명한 사랑의 딜레마를 이야기하고 누군가는 사랑을 그럴듯한 감정이라고 말한다. 이런 우리에게 벨 훅스의 글은 사랑에 진실할 수 있는 방법과 열린 마음을 갖게 하는 교훈을 전하는 동시에 삶의 의지를 잃지 않을 수 있게 하는 슬기로운 안내서가 되어줄 것이다. 사랑에 대해 고민해본 적 있는 독자라면 그의 책을 건네주고 싶다. 벨 훅스와 함께 산책하며 대화를 하는 기분으로 지난 사랑의 다양한 모습들을 떠올려볼 수 있을 것이다.

## 사랑은 의지이자 실천이라는 가르침

사랑을 알고 싶다는 갈망에 휩싸였던 기억을 더듬으며

시작한 작업은 순조롭지만은 않았다. 사랑을 찾는 작업은 계속해서 알아가는 과정이자 끊임없이 변화해가는 경로로, 한 가지 분명한 생각으로 굳히거나 통달하는 결론을 내릴 수 없는 행위이기 때문이었다. 여러 해에 걸친 시간 속에서 방황하던 중 우연치 않게 한 독서 모임을 만났다. 밖에서 끊임없이 이성에게 매력적으로 보이는 방법, 꾸밈 노동, 연애와 결혼과 육아 등 천지에 널린 키워드들을 들으면서도 정리가 되지 않아 고군분투 중이던 나는 독서 모임의 멤버들 또한 같은 불만을 갖고 있다는 것을 알게 되었다. 우리는 어디에도 털어놓지 못했던 고민인, 대체 사랑이 뭐길래, 아니 여성이 뭐길래 이렇게도 생각할 게 많은 건지, 내가 이상한 건지를 서로에게 물었다. 공동체의 지혜를 갈망해왔던 나는 멤버들이 나눠주는 이야기의 조각들을 귀담아 듣기 시작했다. 사랑에 대한 사회의 통념이 얼마나 사랑을 뭉뚱그리고 또 소비하도록 대중을 부추기는지, 동사로서의 사랑, 낭만적 사랑의 신화, 카섹시스와 사랑의 혼동 등 여러 경험이 모인 자리에서 매번 다양한 이야기가 쏟아졌다. 사랑이 무엇인지 마음 속에 늘 질문을 갖고 있었던 나에게 사랑과 연결된 주제는 나의 좁은 한계를 넘어 점차 교육, 양육, 인권, 계급, 차별 등으로 뻗어나갔다. 나는 조금씩 구체적인 사랑의 모습을 떠올리기 시작했다. 형체도 알아볼 수 없고 나이의 앞자리 숫자가 바뀌며 매번 달라지는 정의와 모양이 점차 이해가 되고 있었다. 우리는 '페미니즘'이라는 연결성을 갖고 서로의 다양한 경험을 지지하고 묵묵히 들어주며 진실한 사랑을 이야기했다. 결정적으로 독서 모임은 '교육'을 통해 사랑이라는 정의를 허물고 다시금 짓는데 큰 역할을 해주었기에 다음 탐색을 위한 뼈대를 구축해준 셈이다.

교육자이자 사회운동가인 파커 J. 파머는 "글을 쓰는 행위는 내가 느끼는 것이나 어떤 것에 대해 알고 있는 것을 다시 발견하도록 도와주고, 일련의 초고를 가지고 좀 더 깊은 생각으로 발전하도록 이끈다"[6]고 말했다. 사랑에 대한 나의 지식이나 경험은 언제나 얕았으며, 그것마저도 글로 옮기는 데에는 많은 시간이 걸리곤 했다. 사랑을 말하는 나의 글에 근거는 충분한지, 솔직한지 또는 독자들에게 유용한지 확신을 가지기 쉽지 않았다. 사랑을 경험할 당시에는 답답하고 괴로운 때도 많았으며, 결핍과 외로움 같은 정의할 수 없는 감정에 사로잡혀 증오를 입에 올리기도 했었다. 사람은 누구나 경험을 쌓고 그것들을 자신의 것으로 흡수하는 데 시간이 필요하다. 그동안 나를 통과한 일련의 시간과 경험이 현재도 변모하고 있는 '사랑'에 대한 정의를 짓는 데 큰 역할을 했다.

이처럼 여러 복잡한 상황과 고민들 속에서 사랑을 외치는 게 과연 옳은가 자문하는 시간을 걸어왔지만, 나는 벨 훅스와도 같이 여전히 사랑의 힘을 믿는다. 사랑은 내 안에 존재하며, '함께 만들어가는' 것임을 잊지 않는 것이 핵심이라는 걸 기억하려 노력할 것이다. 우리는 모두 불안과 사랑의 목마름에 시달리고, 내 옆에 있는 사람들에게 영향을 주고받으며 살아간다. 이를 알고 매일에 최선을 다하느냐, 관계를 유지하고 사랑을 지키려는 마음이 있느냐가 관건이지 않을까. '자기 자신과 다른 사람의 영적 성장을 위해 자아를 확장하는 의지'를 삶에서 실천하는 것. 우리는 분명 더 나은 사랑을 할 수 있다.

《벨 훅스, 당신과 나의 공동체》

*Teaching Community: A Pedagogy of Hope* (2003)

# 까칠한 페미니스트 교사도 사랑을 한다

장재영

"지배 문화는 우리 모두를 두렵게 만들고,
위험을 감수하는 대신 안전함을 선택하며 다양성 대신
동질성을 선택하게 만든다. 그 두려움을 넘어서는 것,
무엇이 우리를 연결하는지 찾는 것, 우리의 차이를
한껏 즐기는 것은 우리를 더 친밀하게 만들어주고
공유된 가치와 의미 있는 공동체의 세계로 데려간다."

—《벨 훅스, 당신과 나의 공동체》, p.298-299

책 소개

2023년 7월, 경력 2년차의 20대 여성 교사가 여름방학 직전 죽음을 택했다. 이것을 기점으로 교사 각자가 교실에서 홀로 맞닥뜨려야 했던 수많은 문제들이 곳곳에서 폭발적으로 터져 나왔고 대중도 이같은 국면을 보다 심각하게 받아들이기 시작했다. 기온이 35도를 넘어설 정도로 더위가 들끓어도 교사들은 매주 거리 집회를 열어 변화를 요구했다. 아동학대 처벌 규정을 완화해야 교사들이 두려움과 위협감에 시달리는 일 없이 교육할 수 있다고 말하는 이들도 적지 않았다.*

8월 중순, 교육부는 교사들의 요구에 부응해 '교원의 학생생활지도에 관한 고시'안을 발표했다. 아동·청소년 인권에 대한 논의가 활발해진 이후 한동안 잘 사용되지

---

\*     교사들의 이같은 요구는 실제로 법 개정에 반영되었다. 2023년 12월 8일, 교원의 정당한 교육활동과 학생 지도를 아동학대로 판단하지 않는다는 내용을 담은 아동학대처벌법 개정안이 국회 본회의를 통과하였다.

않던 '훈육', '훈계'와 같은 용어가 고시안에 담겨 있었다.

생활 교육 업무를 담당하는 부장 교사가 새로운 고시의 세부 사항에 관한 교사들의 의견을 요청했다. 문제 행동을 하는 학생을 어디로, 어떻게 분리할 것인가, 담임 교사는 분리된 학생의 보호를 누구에게 요청할 것인가 등을 논의해달라고 했다. 나를 포함해 고학년을 담당하는 교사들이 한 자리에 모였다. 일부 학부모의 악성 민원에 교사가 시달리지 않도록 문제상황 대응 매뉴얼을 철저히 만들어야 한다고 결의에 찬 눈빛으로 말하는 이도 있었고 고시 같은 건 그다지 힘이 없다며 아동학대처벌법에서 교사가 면책되어야 한다고 말하는 이도 있었다.

뒤이어 문제 행동을 하는 학생들에 대한 논의가 이어졌다. 쉬는 시간 화장실에 숨어 핸드폰을 하다가 수업에 늦는 학생, 지각하지 말라고 아무리 말해도 인근 공원을 배회하다 '고의로' 늦는 학생들이 있다고 했다. 그들은 반복해 주의를 주어도 규칙을 어기고 교사의 지도를 무시하는 학생을 더욱 강하게 제재할 방법이 필요하다고 말했다.

대화 내내 나는 주로 그들의 말을 듣는 입장이었다. 하지만 일부 학생들이 저지르는 '문제'들을 성토하는 분위기가 되자 가만히 있기가 어려웠다. 교사의 권한이 강화

되면 과연 '고의적'인 지각을 막을 수 있을까? 법적 권한에 기반해 학생을 지도할 수 있게 되면 교사는 정말 안전하다는 감각을 확보할 수 있을까? 규칙을 반복해 어기고 교사의 말을 무시하는 듯한 학생에게 더욱 강도 높은 처분으로 대응할 수 있게 되면 학생과의 갈등 속에서 깊은 상처를 입는 교사들이 과연 줄어들까? 교사가 세부 사항을 더욱 촘촘하게 명시해둔 매뉴얼을 실행하는 존재가 될 때 교사는 과연 전문성과 자율성을 존중받는 것일까?

학생은 규칙을 지키거나 지키지 않는 존재라는 교사 관점의 이분법, 규칙을 잘 지키는 이에게 보상을 내리고 그렇지 않은 '문제 학생'은 처벌해야 한다는 권선징악적 판단에서 한발 물러서 우리가 학생의 입장이 되어 이 문제를 바라본다면 무엇이 보일까? 문제를 해결하기 위해 우리는 질문을 어떻게 바꾸어야 할까?

학생은 왜 쉬는 시간만 되면 화장실 안으로 숨는가? 학생을 위한 쉴 곳이 있는가? 쉬는 시간이라 해도 비좁은 학교 교실과 복도는 교사의 상시적인 보호와 감시가 존재하는 공간이지 않은가? 학생은 왜 등교를 미루려 공원을 배회하는가? 그에게 학교와 교실은 어떤 감각을 제공하는 공간인가? 왜 무의미하거나 고통스러운 곳이 되었는가? 학생이 교실에서 안전하다는 감각을 느끼게 하기 위해 우리가 정말로 논의해야 할 과제는 무엇인가? 질서에 순응할 수 없는 아동·청소년에게 고통을 가하는 교육이라는 제도와 시스템 자체를 바꾸어나가기 위해 우리는 세상에 무엇을 외쳐야 하는가? 그리고 누구와 손잡아야 하는가?

누군가는 나의 말을 들으며 고개를 끄덕였고 누군가는 우리의 교육철학은 다르다고 대답했다. 그 자리의 교사들은 자신과 수많은 동료들이 느끼는 고통이 아직 충분히 표현되지 않았다고 생각하는 것 같았다. 또한 교육자로서 일하는 환경이 심각하게 위협받는다고 인식하는 시점에서 거대하고도 고질적인 교육 문제들을 복합적으로 파악해 보자는 '원론적인' 말이 거의 무의미하다고 생각하는 것 같았다.

교사들의 대규모 집회에서도, 우리 학교 동료 교사들의 작은 모임에서도 아직 나의 자리를 찾지 못했다는 어떤 소외감 속에서 나는 집으로 돌아왔다. 물건으로 어지러운 책상 한구석에는 《벨 훅스, 당신과 나의 공동체》가 놓여 있었고 나는 이번 주말까지 이 책에 관한 원고를 제출해야 한다. 생각을 온전히 표현할 수도, 그렇다고 꼬리를 무는 생각들을 완전히 억압할 수도 없다는 답답함 속에서 '당신과 나의 공동체'를 만들기는커녕 아무것도 할 수 없다는 무력감에 뒤덮이는 것 같았다. 사람들이 각자의 고통을 말하기에도 시간이 부족한 것 같은데 벨 훅스의 '이상적인' 말들이 과연 누구의 마음에 다가갈 수 있을까 하는 회의가 차오르고 있었다. 그럼에도 책 표지를 넘긴 순간 벨 훅스가 인용한 파울로 프레이리의 문장이 보였다.

"현실이 너무 가혹해서 희망이 없어 보일지라도 우리는 반드시 희망을 붙잡고 있어야 한다."

벨 훅스는 평생 글과 말, 자신의 존재 방식과 교육적 실천을 일치시키려는 부단한 노력을 통해 제국주의적, 백인우월주의적, 자본주의적, 가부장적 지배 문화에 저항하는 일을 계속 해왔다. 특히 그는 교육 3부작으로 알려진 세 권의 책,《벨 훅스, 경계 넘기를 가르치기》《벨 훅스, 당신과 나의 공동체》《비판적 사고 가르치기》에서 흑인 여성 페미니스트라는 정체성을 지닌 학생이자 교육자로 거쳐온 수많은 교육 현장의 차별적 문화와 관습을 날카롭게 비판한다. 또한 자신과 진보적인 교육자들이 실천해온 것이 학생의 삶, 교육 현장, 조직 문화를 바꾸어낸 일을 기록함으로써 희망을 증언한다.《벨 훅스, 당신과 나의 공동체》에서 그는 지배 문화의 규율을 답습하고 모방하게 함으로써 학생을 체제에 순응하는 존재로 길들이려 하는 보수적인 교육 모델이 진보적인 교육자들의 노력을 바탕으로 어떠한 대안적인 모델들로 변모했는가를 독자에게 제시하고자 한다. 이들 노력의 핵심에는 정의에 바탕을 둔 현실 인식, 그리고 학습자에 대한 돌봄과 사랑이 자리하고 있다. 그것은 기존의 교육 모델이 경시해 왔던 정서적이고 학문적인 돌봄 환경[1]을 추구하는 가운데 만들어지는 새로운 배움의 공동체[2]에 관한 이야기이기도 하다.

다양한 교실에서 교육자로 일하는 독서 모임의 멤버들은 작년 겨울 이 책을 다시 한번 읽으며 각자의 경험과 소회, 교육철학을 나누었다. 이 글에서는 책의 여러 주제 중 우리가 중점적으로 이야기를 나누었던 교육자의 소진과 '쉼', 학생을 '섬기는' 일로서의 교육의 가치, '사랑'으로 가르친다는 것의 의미를 중심으로 소개하려한다.

책에서는 스스로가 소진되었음을 깨달은 벨 훅스가 교수직을 사임하기까지의 과정이 그려진다.[3] 강의실을 두려워하고 학생을 미워하게 되었다는 것을 깨달은 그는 휴식이 필요하다는 결론을 내린다. 그는 어떤 요인들이 자신의 역량과 에너지를 갉아먹었는지 분석하기도 하고 이미 소진된 상태에서 자신의 고통을 학생들에게 전가하는 교육자들이 상당수 존재하는 비극적인 현실에 대해 말하기도 한다. 그리고 파커 파머의 말을 인용하여 "교실에서 내가 즐겁게 가르치기 어려운 순간이 있음"을 인정하는 일에도 용기가 필요하다는 사실을 알려준다.

다음으로 벨 훅스는 교육이 실은 학생에 대한 돌봄이어야 함에도, 이를 실천하는 교육자들이 연구 실적과 행정을 우선순위로 두는 교육기관으로부터 아무런 보상을 받지 못하는 반교육적 현실을 폭로한다.[4] 그럼에도 그는 교육자가 권위를 바탕으로 학생을 지배하려 하는 대신 학생을 책임감 있게 대하기 위해 섬김은 꼭 필요한 개념임을 강조한다.

벨 훅스는 또한 교육자가 사랑을 바탕으로 학생과 관계 맺는 것을 경계하고 냉소하는 문화에 도전한다.[5] 그는 학생과의 친밀한 관계를 두려워하는 이들은 대개 연결, 감정, 관계, 돌봄 등을 배제하려 애쓰며 '객관주의'를 강조하는 경향이 있는데, 이는 오히려 학생들을 이해하고 그들과 소통하는 것, 즉 배움이 가능한 환경이 조성되는 것을 방해한다고 본다. 대신 그는 타인을 이해하려는 사랑의 마음이 앎의 배경이 되며 교육자가 사랑으로 학생들을 돌보고 관계 맺을 때 '배움의 공동체'가 만들어질 수 있음을 알려주고자 한다.

독서 모임의 멤버들은 사회로부터 전문성과 권위를 인정받기 어려운 젊은 여성이자, 성평등 교육에 대한 일부 학생들의 반발과 위협을 감당해야 하는 페미니스트 교육자로서 대개 크고 작은 상처들을 안고 있었다. 그리고 많은 교육자들이 소진된 감각을 느끼거나 고통받는다고 증언하는 시대에 섬김과 사랑이 가능하려면 어떤 태도나 환경이 필요한가를 고민하고 있었다. 우리는 서로가 교육 현장에서 입은 상처를 보듬으려 애쓰면서도, 교육자를 공격하거나 위협하는 학생들을 입체적인 존재로 이해하기 위해 애쓰며 대화했다. 그리고 우리는 그러한 학생들이 이 교실에 오기까지 어떤 삶을 살았고 어떤 환경에 놓여 있었는지 알고자 하기만 한다면, 그들을 오로지 악한 존재라고만 여기지 않고 소통의 가능성을 열어둘 수 있다는 결론에 이를 수 있었다.

지금의 교육자들은 깊은 상처를 입은 채 일하고 있다. 학생, 양육자, 교육기관과 정부가 교육자의 노력과 헌신에 보상하지 않고 있다는 인식도 팽배하다. 크고 작은 상처들을 안고 있는 선배 교사들이 그런 말을 한다. "열심히 하지 마. 열심히 한 사람들만 다치니까." 그 말이 깊은 실망감과 체념을 품고 있어 마음이 쓰이는 것과 동시에 마음 한편에 질문이 떠오른다. '가르칠 수 있는 용기'를 유지하는 방법은 없을까요? 교육 현장에서 다양한 사람과 관계 맺는 일에는 행복과 리스크가 모두 내재되어 있음을 이해하는 데는 얼만큼의 시간이 필요한가요? 나의 교육적 헌신이 제대로 보상받을 수 없을 거란 두려움에 '열심히' 일하는 교사가 되겠다는 꿈을 체념하는 대신, 교사의 관점에서 학생을 열심히 관리하려는 관습이 왜 오히려 학생과 양육자와의 더 많은 갈등을 유발하는 요인이 되는지를 고민해보는 선택지는 없을까요?

우리는 주로 우리 자신을 한곳에 붙박아두기 때문에 문제를 해결할 방법이 전혀 없는 것처럼 보일지도 모른다. 학생의 문제 행동을 강하게 규제하거나 못 본 체하거나, 학생을 열심히 관리하거나 민원으로부터 나를 보호하기 위해 그런 마음을 내려놓거나. 열의를 가지고 규칙 준수를 요구하는 교사, 또는 한발 물러서 학생의 문제 행동을 모른 체하는 교사 중 하나를 선택하는 일은 일견 단순하고 명쾌해 보일지도 모른다. 하지만 이는 사실 교사가 문제 해결을 위한 다양한 교육적 아이디어들을 떠올리는 것을 방해한다는 점에서 충분하지 않다. 실은 두 개의 선택지 사이에 수많은 방법과 길이 있다고, 학생의 자리로, 양육자의 자리로, 동료 교사나 학교 내 소수자의 자

리로 발걸음을 옮겨본다면 때로는 문제 자체를 재정의
하고 새로운 세계관에 다가갈 수도 있다는 것을 벨 훅스
는 오래전부터 말해왔다.《벨 훅스, 당신과 나의 공동체》
를 이 시대를 살아가는 더 많은 이들과 함께 읽고 싶은 이
유다.

초등교사 일을 시작했던 학교의 옆 반에는 모든 학생들에게 사랑받는 선생님이 있었다. 나보다 2년 먼저 교사 일을 시작한 그는 늘 수업 준비에 열심이었다. 또한 단정한 차림새를 하고 매일 환한 미소로 학생 하나하나에게 아침 인사를 건네는 사람이었다. 복도를 지날 일이 있으면 나도 모르게 창문 너머로 흘깃흘깃 그 교실을 훔쳐보게 되었다. 그의 교실 칠판 귀퉁이에는 그런 말이 쓰여 있었다. '사랑하는 ○학년 ○반, 오늘은 우리가 만난 지 ○○일 째 되는 날♥♥'

나는 그의 다정함이 부러웠다. 어릴 적부터 '너는 여자애가 왜 그렇게 무표정하냐'는 말을 들어왔던 내가 그 선생님처럼 우리 반 학생들을 밝은 미소로 맞이할 수 있을까? 아무리 생각해도 머리 위에 하트를 그리며 '여러분, 사랑합니다' 같은 말을 하는 내 모습을 상상할 수 없었다. 학생을 대하는 밝고 친절한 태도, 진심 어린 칭찬, 높은 텐션이나 에너지 같은 것들이 교사의 열정이나 사랑의 표현이라 여겨지는 초등학교에서 대체로 무심하고 무표정한 얼굴을 하고 있는 나는 학생들과 좋은 관계를 맺을 수 있을까. 아니 더 정확하게는 학생들에게 사랑받는 교사로 살아남을 수 있을까 두려웠다.

사랑과 하트가 넘쳐나는 어떤 교실과는 정반대로 교사들이 모여 대화하는 대부분의 자리에서 사랑이라는 단어는 끼어들 틈이 없다. 매일의 교육을 준비하고 모니터 앞에 날아드는 수십 개의 업무 메시지를 처리하는 동시에 교사와 '기 싸움'을 하려는 학생, 일부 양육자에 대응하다가 점차 소진되는 것으로 묘사되는 초등교사의 삶. 심지어 이제는 무고한 교사를 아동학대 가해자로 신고하려는 악의적인 양육자들을 경계해야 한다는 말 속에서 학생과 양육자는 교사를 괴롭히는 존재, 때로는 한 교사의 삶을 완전히 파괴하는 존재로 비친다. 내가 만난 많은 교사들은 몇몇 학생이나 양육자로부터 깊이 상처받은 경험으로 인해 이미 마음의 문을 닫은 상태였다. 그들은 학생과 1년이라는 시간을 함께 살아내지만 학생과 인간적인 관계를 맺는 일은 가능하지 않다고 믿었다. 아주 오랜 경력을 가진 한 교사는 학생에게 절대 책잡힐 일 없도록 철저하게 행동할 것을 동료 교사들에게 몇 번이고 당부하고는 했다. 이런 분위기 속에서 사랑을 바탕에 둔 교육을 말한다는 것은 학교라는 일터의 각박한 생리를 모르는 순진한 발상으로 치부되었다. 이 문장을 쓰고 있는 나를 향해 누군가는 그런 말을 할지 모르겠다. 당신이 아직 운 좋게 지독한 일을 안 당해봤으니 한가한 소리를 하는 거라고. 물론 나 역시 지금 쓰고 있는 말을 내가 훗날에도 말할 수 있을까 확신할 수 없다는 데에서 오는 두려움이 있다.

언젠가는 새 학년이 시작되자마자 작년 졸업생들이 중학교 교복을 입고 나를 찾아온 일이 있었다. 나는 1년을 함께 지낸 이들이 잊지 않고 나를 찾아와주었다는 사실이 기뻤다. 하지만 동료 교사들은 "스승의 날도 아닌데 3월부터 졸업생들이 찾아와 얼마나 피곤하겠냐"며 나를 걱정했다. 학교에서 늘 학생들에게 둘러싸여 있는 인기 많은 교사의 말도 별반 다르지 않았다. 그는 학생들에게 전화번호가 알려지는 바람에 시도 때도 없이 연락을 주고 받아야 했던 경험을 다시는 되풀이하지 않기 위해 절대 전화번호를 공개하지 않을 거라고 말했다. 그들은 교사로서 교실에서 일어나는 여러 일을 능숙하게 처리할 수 있는 능력과 경험을 갖추었지만, 어쨌든 학생과 개인적으로 관계 맺는 일은 대부분 보상을 기대할 수 없는 업무의 연장에 불과하다고 생각하고 있었다.

물론 나의 동료 중에는 자신이 맡은 일에 책임을 다하기 위해 정성을 쏟고 학생을 사랑으로 대하기 위해 노력하는 이들이 많다. 하지만 그들이 생각하는 교육의 목표, 교육 현장에 관한 인식, 학생과의 관계 맺기 방식은 내가 추구하는 것과 달랐다. 내 삶에서 교육의 의미를 어떻게 규정해야 할지, 학생들과 어떻게 관계 맺어야 할지 고민하거나 종종 실패로 인한 절망감을 통과하며 교육자로서의 정체성을 찾아가는 과정에서 나는 벨 훅스를 만났다. 그리고 그를 만난 이후 내가 속한 교실에는 크고 작은 변화들이 생겨나기 시작했다.

작년 우리 교실에는 스물한 명의 학생들이 있었다. 물론 내가 그들 각자에게 느끼는 친밀감의 정도는 모두 달랐다. 경력이 쌓여도 나는 여전히 어린이들에게 '사랑한다'는 말을 자연스럽게 꺼낼 수 있는 사람이 아니었고 피곤한 얼굴을 감춘 채 칠판 앞에서 환한 미소를 가장하는 교사도 될 수 없었다. 여전히 우리 교실은 교사에게서 시작된 사랑이 흘러넘치는 공간도, 혹은 모든 학생들이 교사의 말을 따르며 질서 정연하게 움직이는 교실도 아니었다. 그럼에도 그 이전의 어느 해와도 다르다고 생각했던 건 전처럼 학생의 어떤 말이나 행동은 절대로 참을 수 없다든가, 심지어 어떤 학생에게는 지적할 것밖에 보이지 않는다는 부정적인 생각이 덜했다는 것이다. 이 기간 동안 내가 알게 된 것은 학생을 사랑으로 대하며 인간적인 관계를 맺을 수 있는 나의 교육적 역량이 좀 더 커졌다는 사실이었다. 그것은 틈새 속에서 또 다른 방식의 돌봄과 사랑을 실천하려는 교육적 노력이었다.

## 감정 : 지식과 학생이 연결되는 과정에 녹아든 것

6학년 교사 전용 연구실에서 동료 교사들을 마주쳤다. 그는 "요즘 6학년 사회(현대사) 가르치는 거 너무 부담스럽지 않아요?"라며 나에게 말을 건넸다. 교과서는 이미 4·19는 '혁명', 5·18은 '민주화 운동', 1987년 6월 시위는 '민주 항쟁'이라고 규정하지만 이 사건에 대한 사람들의 인식 차가 존재하는 상황에서 교사는 '정치적 중립'을 유지하며 학생에게 자신의 입장을 '주입'하는 '정치교육'을 경계해야 하기에 매번 긴장된다는 것이다.

당신의 생각에 공감한다고 거짓말을 할 수도 없고 내 의견을 적극적으로 표현하면 곤란해질 것 같은 상황에서 나는 벨 훅스의 글을 떠올렸다. 벨 훅스는 교육자 파커 파

머가 '객관주의'를 비판한 문장을 소개한다. "객관주의의
이상은 학습자를 '백지 상태'로 간주하는 것이다. 백지 상
태의 학습자는 떠다니는 사실들을 순수하게 마음에 새긴
다. 객관주의의 목적은 주관성의 모든 요소, 모든 편견과
선입견을 제거하는 것이다."[6] 그리고 자신의 생각을 덧붙
인다. "객관주의는 (…) 인문학 강의실에서는 가르침과 배
움의 유용한 기반이 될 수 없다. 인문학 강의실에서 학생
들이 알고자 하는 것의 상당 부분은 교재뿐만 아니라 우
리가 공부하는 이론을 만들어낸 개개인들과 관계 맺는
것을 필요로 한다."[7] 그리고 이 연결의 매개가 되는 것은
바로 '감정'과 '정서'라고 설명한다.

　지식과 학생 사이를 연결하려는 교육자가 '감정'을 드
러내지 않고 어떤 주제와 지식을 말한다는 게 가능할까?
교육대학의 한 강의에서 배웠던 것 중 하나는 '학생은 수
업을 통해 알게 된 세부 지식을 기억하는 게 아니라 자신
에게 남은 어떤 '감정'을 통해 그 수업을 기억한다는 것'
이다. 나는 그 문장이 학생이었던 나의 경험을 정확하게
설명한다고 생각했다. 나는 교육대학을 다니기 전에 종
합대학을 졸업했다. 사학, 국어국문학, 정치외교학 전공
수업을 들으며 나름 좋은 학점을 받기 위해 열심히 공부
했지만, 지금 나는 내 전공이 무엇이라고 소개하기가 부

담스러울 만큼 한국 근대사나 현대 소설의 분석 방법, 미국의 정치 제도에 관한 지식을 전혀 기억하지 못한다. 대신 수업을 진행하던 어떤 교육자들의 열정적인 표정, 그가 전하는 이야기에 완전히 몰입해 있으면서도 그의 말을 놓치지 않으려 필기를 멈추지 않던 학생들의 뜨거운 열기, 대학원생이나 4학년들이 들어와 있어 어쩐지 입을 떼는 게 어려웠던 토론 활동의 분위기 같은 것으로 수업을 기억한다. 그리고 내가 통과해온 감정과 정서들을 통해 내가 그 시간들을 사랑했음을 떠올린다.

5·18 광주 민주화 운동에 관해 말하는 이가 감정을 담지 않는다는 것이 가능할까? "5월 18일에는 공수부대가 투입되었고, 5월 20일에는 금남로 택시 시위가 있었으며, 5월 27일 시민군이 수비하던 전남 도청을 계엄군이 점령하여 사건이 일단락되었다"거나 "5·18 광주 민주화 운동은 불의한 국가권력에 저항했던 시민들의 역사로 우리나라 정치의 민주화에 결정적 역할을 했다"고 말하는 것만으로 학생과 지식 사이를 연결할 수 있을까? 5·18이라는 역사가 탄생한 40여 년 전의 뜨거운 현장으로 학생이 옮겨가기 위해 필요한 것은 결국 감정과 정서다. 만약 국가의 지시에 의해 시민들이 죽임 당하는 현장을 목격한다면 어떤 선택을 내릴 것인지, 시민군의 리더가 된다면 무력 저

항과 협상 중에 무엇을 선택할 것인지, 5월 27일 전남 도청에서 마지막 시민군 방송을 하던 박영순 씨의 마음은 어땠을지를 묻고 답하는 동안 자극되는 감정과 정서는 더 풍부한 앎의 바탕이 될 것이다. 우리는 이러한 수업이 '정치교육'이 될까 봐 두려워해야 할까? 아니, 보다 근본적으로 정치와 교육과 삶이 연결되는 순간을 '정치교육'이라고 이름 붙이며 왜곡하고 억압해야 할까?

세상에는 어떤 뜨거운 지식과 세계가 존재한다. 우리는 그걸 알게 되며, 때로는 그 안으로 걸어 들어가기를 선택하며 성장한다. 어떤 감정과 정서를 완전히 배제한 '객관적'이고 '중립적'인 상태에서 이 뜨거운 지식들을 다루는 방법을 나는 알지 못한다. 그게 초등교사로서 '부적격 사유'가 될지 모른다고 해도 말이다. 그래서 나는 '위대한 사물'인 '배움의 주제'가 교실 공동체 안에서 생생하게 살아나는 순간을 만들어낼 수 있도록*, '뜨거운 지식'이 학생들의 내면과 만나도록 안내하는 방법을 익히기 위해 꾸준히 노력하려 한다.

---

* 파커 파머는 그의 대표작 《가르칠 수 있는 용기》에서 '주제 중심 교실'을 강조한다. 이는 교사가 지식을 전달하는 전통적인 교실 혹은 반대로 학생과 배움의 행위만이 강조되는 교육 양식 모두를 비판하며 학생과 교사 모두가 보다 평등한 관계 속에서 '위대한 사물'인 교육 주제를 중심에 두고 함께 탐구하는 교실을 교육 모델로 제안한다.

## 믿음 : 만남과 대화가 우리를 변화시키리라는 기대

내가 교실 이야기를 쓰면 어떤 이들이 "재영 님 교실의 학생들은 참 행복하겠어요"라며 나를 상찬하는 말을 한다. 그런 격려의 말들이 감사하기도 하지만 나는 그럴 때마다 듣자마자 마음에 각인되었던 어떤 책 제목을 떠올린다. '나는 글을 쓸 때만 정의롭다.'

담임 교사로서 평가하는 지금의 우리 교실이, 그래도 내가 교사를 시작하던 해보다는 분명 나아졌다고 자평하지만 동시에 나는 내가 처음 맡았던 5학년 교실을 떠올린다. 이 책에 싣기 부끄러울 만큼 학생들에게 깊은 상처를 남긴 일들이 가득했던 곳이다.

그때의 나는 페미니스트 교사로서 처음 일을 시작하며 의욕만 가득한 상태였다. 나는 내가 옳은 방향을 추구한다고 믿었기에 내가 그들을 논리로 '이길 수 있다면' 그들도 나를 따라줄 것이고, 따라야 한다고 생각했다.

나는 학생들이 서로를 환대하는 교실 공동체를 꿈꿨다. 하지만 내가 기간제 교사로 맞닥뜨린 사립학교의 한 교실에서 그런 분위기는 전혀 기대할 수 없었다. 교실에서 가장 약한 존재로 보이던 한 여학생은 여러 남학생들에게 크고 작은 괴롭힘을 당하고 있었고, 나는 떼 지어 작은 여학생을 괴롭히는 남학생들이 각각의 이유로 혐오스러웠던 동시에 '사회성'이라고는 딱히 기대할 수 없었던 그 여학생에게도 답답함을 느끼고 있었다.

나는 교사의 강력한 말과 권력으로 괴롭힘을 놀이로 삼던 남학생들의 말과 행동을 제압하려 했다. 나는 그들을 꿰뚫어 보듯 행동하며 그들의 변명이나 핑계를 일절 용납하지 않았다. 그것은 남학생들의 반발을 불러일으켰다. 그럴 때마다 나는 그들에게 "네가 하는 건 혐오이고 괴롭힘이니 몰랐다면 배우라"는 권위적인 말로 훈계를 마무리하곤 했다.

지금 생각해보면 그때의 나는 내가 페미니스트로서 차별과 폭력을 발견할 수 있다는 데에 크게 도취되어 있었던 것 같다. '학생들이 어떻게 아직도 저런 차별적인 말을 하지?', '왜 이렇게 공감 능력이 부족하지?', '왜 저렇게 못됐지?' 하는 비난의 말만 마음에 품고 있었다. 얼마 전까지는 나도 그들과 다르지 않았으며, 잘난 척하며 그들을 내려다보는 듯한 태도를 취하는 그때의 나 역시도 실상 그들과 다르지 않다는 것을 전혀 알지 못했다.

교사와 학생의 힘이 팽팽히 대결하는 가운데 사실은 서로가 서로를 두려워하던 교실에서 내가 바라던 변화는 기대할 수 없었다. 또한 지금에서야 돌아보건대, 말로는

'성평등'을 이야기했지만 실은 교사 권력을 이용해 자신의 생각을 관철하고 학생을 지배하려 했던 나라는 교사에게, 그들 역시 그 어떤 유의미한 것도 가슴으로 배우지 못했을 것이라는 생각을 한다.

학생들에 대한 나의 인식과 태도가 왜 문제적인지를 설명하는 벨 훅스의 문장이 있다. "사람들에게 변화를 요청하고 백인우월주의와의 동맹을 포기하라고 요청하면서 동시에 그들이 인종차별주의적 사고를 결코 벗어날 수 없을 것이라고 조롱하는 것은 혐오다."[8] 나는 학생들에게 성차별적이고 여성혐오적인 말, 작은 존재들을 괴롭히면서 쾌락을 얻는 행동 방식에서 벗어나라고 다그치면서도 그들은 쉽사리 거기에서 벗어날 수 없는 존재라고 생각했다. 그건 학생이 가진 내면의 힘과 페미니즘 교육의 가능성 모두를 믿지 않는 태도였다.

그렇다면 지배 문화 속의 차별을 비판하기 위해 다른 이들에게 대화를 요청하는 사람이 취해야 할 알맞은 태도는 무엇일까? 이는 벨 훅스와 그의 동료 교육자 론 스캡Ron Scapp과의 대담에서 답을 찾을 수 있다. 벨 훅스는 "인종, 성, 계급의 위계질서를 떨쳐 버리지 못하고 여전히 그걸 지지하는 사람들과 대화할 때 부딪혔던 문제들에 대해, 편향적이지 않은 관점에서 몇 가지 해답이 있을까요?"[9]라고 론에게 질문한다. 론은 먼저 한 사람이 다른 사람의 관점을 비판해야 하는 상황에서도 신뢰 관계를 유지하는 일, 대화 참여자가 공통의 기반 위에 서 있음을 강조하는 일이 중요하다고 말한다. "한 가지 지속적인 문제는 신뢰를 쌓으려는 노력입니다. (…) 우리가 더 좋은 교육을 만들자는 공통의 관심사를 공유하고 있다는 것을 알려주는 것입니다."[10] 문제를 제기하거나 비판하는 이가 어떤 태도를 가져야 하는지를 "더 진보적인 누군가가 도덕적 혹은 정치적 우월감이 느껴지지 않는 어조로 생생한 경험을 분명히 말한다면"[11]이라는 말로 짚기도 한다. 나의 앎의 수준이나 도덕적 우월함을 과시하기 위한 말하기가 아니라 내가 추구하는 가치가 상대에게 더 잘 전달될 수 있도록 노력하는 태도가 상호 간의 이해와 변화를 이끌어낼 수 있다는 것이다. 이후 나는 우리 교실에서 여성혐오나 소수자 혐오를 표현하는 학생과 대화해야 할 때 이 대담의 내용을 기억하려 애썼다.

쉬는 시간 교실에서 업무를 처리하고 있는데 우리 반에서 인기 많은 남학생이 여성의 목소리와 몸짓을 과장해 흉내내기 시작했다. 한 유튜브 쇼츠(짧은 동영상)가 수백만 조회수를 올리며 화제가 되던 시기였다. "오빠 차 있어? 오빠 집 어디야? 오빠 나 비싸!" 못 들은 체하고 싶은 마음이 들 정도로 거부감이 드는 표현이었다. 결국 그 학생을 불렀다.

"지금 한 게 무엇을 따라한 건가요?" 나에게 주의를 받는 일이 잦았지만 그래도 그게 '선생님이 나를 미워해서'라고는 믿지 않았던 학생이 나에게 출처를 자세히 말해주었다. 나는 이 행동은 '여성혐오'이며 그 뜻이 무엇이고 그 예로 어떤 것들이 있는지를 설명해 학생을 '질리게' 할 수도 있었지만 어떻게 해야 학생이 이 표현의 문제점을 인지하고 행동을 멈출 수 있을지를 생각하려 애썼다. "저는 지금 ○○ 학생이 흉내냈던 말과 모습이 불편했어요. 여성의 목소리나 행동을 우스꽝스럽게 흉내내는 데다 여성을 돈만 밝히는 사람으로 표현하기 때문이에요. 이런 말로 인해 여성에 대한 잘못된 생각이 퍼질까 봐 걱정돼요." 학생에게 대답을 받아내기에 앞서 한마디 덧붙였다. "○○ 학생이 어떤 나쁜 의도가 있다고 생각하지는 않아요. 다른 학생들을 재미있게 해주고, 웃게 해주려고 유튜브 쇼츠를 따라했다고 생각해요. 하지만 교실의 많은 학생이 ○○의 말과 행동에 관심이 많고 영향을 받는다는 걸 기억하면서 행동하면 좋겠어요." 그는 고개를 끄덕였다.

예전의 나라면 어땠을까? 교실에서 반복되는 여성혐

오적 표현 앞에서 깊은 한숨부터 쉬었을 것이다. 여러 차례의 지적에도 불구하고 혐오 표현을 반복하는 학생을 한심하고 부주의한 사람으로 평가하며 부정적인 감정을 담아 "네가 하는 게 바로 성차별이고 여성혐오"라고 비난했을 것이다. 하지만 그간의 경험에서 알게 된 것은 교사가 전하는 말의 내용보다 교사의 태도가 학생에게 먼저 도착한다는 것이다. 교사의 말을 들을 가치가 있는 것으로 여길지 혹은 교사 앞에서 최소한 '듣는 척'이라도 할지를 결정하는 것은 결국 학생이 그 교사에게 느끼는 신뢰감이다. 상호 신뢰에 기반한 관계를 지켜나가는 방법 중 하나는 교사가 학생을 '악의를 가진 존재'로 평가하지 않는 것이다. 그의 선택과 입장을 최대한 '선해'하려 노력하는 것은 대화를 이어갈 가능성을 높여준다. 또한 이는 '혐오 표현을 발화하는 학생'이라는 존재와, 학생의 말과 행동에 녹아 있는 '여성혐오'라는 사회구조적 요인을 분리하여 인식하고 적절히 대응하는 데에도 도움이 된다.

우리는 각자 다른 위치에 자리하지만 촘촘하고도 교묘한 여성혐오가 배어 있는 사회문화 속에 산다. 나는 이걸 인식할 수 있는 '특권'에 더 빨리 접근했을 뿐이고 어떤 사람은 그렇지 않은 것이다. 지금도 종종 이 사실을 잊고 내가 그동안 연습해온 것들, 알고 있는 것들을 드러내며 도덕적 우월감으로 다른 사람들에게 영향력을 발휘하고 싶다는 욕심이 앞설 때가 많다. 그럼에도 이 사실을 자꾸 기억하려 애쓰는 것은 페미니스트 교육자로서 앞으로 내가 평생 하기로 결정한 일을 겸손한 마음으로 성실하게 반복할 수 있기를 바라기 때문이다.

## 용기 : 두려움을 넘어 대화를 요청하는 원동력

페페연구소의 전작《지금 시작하는 평등한 교실》을 출간한 이후 공동 저자들과 온라인 북토크를 열었다. 독자들에게 미리 참여 신청을 받았는데 신청서에 그런 질문이 있었다. "성평등 교육을 당당하게 하는 방법이 있을까요?"《포괄적 성교육》이라는 책을 쓰기 위해 공동 저자들과 대담을 할 때도 같은 이야기가 나왔다. "더 안전하게 성교육을 할 수 있는 제도와 환경이 마련되어야 교육자들이 적극적으로 나설 수 있다." 비건을 지향하는 교사들이 모인 곳에서도 그런 질문이 오간다. "혹시 학생이나 양육자들에게 '비건'이라는 걸 '오픈'하셨나요? 비거니즘 교육을 한 다음에 별일 없었나요?"

모두 다르지 않은 이야기다. 페미니즘, 포괄적 성교육,

비거니즘처럼 교육 참여자에게 세계에 대한 비판적 인식을 요구하는 주제들은 필연적으로 사람들의 반발심과 만나기도 한다. 이러한 반발이 온라인 공론장에만 존재하는 것이라면 대충 '흐린 눈'을 한 채 떠날 수도 있겠지만 교육 참여자를 직접 마주하는 교육자는 그 공간을 떠날 수 없다. 교육 참여자가 드러내는 다양한 반발을 온몸으로 고스란히 감내해야 한다. 어떤 이들은 이런 주제를 교육하는 이들을 실질적으로 보호하는 제도가 마련되어야 한다고 말한다. 나 역시 이러한 의견에 동의한다. 하지만 그와 동시에 생각하는 것은, 교육자를 보호하는 안전장치가 마련될 때까지 무작정 기다릴 수만은 없다는 것이다.

만약 우리가 페미니즘 사상, 페미니즘 교육의 세계적인 권위자였던 벨 훅스 같은 존재였다면 더 나은 환경에서 일할 수 있었을까? 벨 훅스는 인종차별적 인식을 가진 수많은 백인들 앞에서 연설해야 했던 경험을 서술한다. "입학식 날이 되자 내가 수천 명의 백인들, 특히 그중 다수가 흑인을 향한 인종차별주의자인 백인들 앞에서 말해야 한다는 사실이 정말 충격적으로 다가왔다. 나는 두려웠다. 내가 연설을 마쳤을 때, 그 백인들 중 다수가 야유하며 불만족과 경멸을 표현했다."[12] 솔직하고도 과감한 벨 훅스의 고백은 나의 경험을 떠올리게 만들었다.

초등교사가 비건을 지향한다면, 교사는 학생들에게 이를 적극적으로 알리는 것이 좋을까? 한창 성장기를 통과하고 있는 학생들에게도 비건 실천을 독려할 수 있을까? 아동에게 미치는 교사의 영향력이 대단하다고 말하지만, 실제로 아동은 교사의 신념을 무조건적으로 수용하는 존재일까?

나에게는 아주 특별한 학생이 한 명 있다. 교육자는 학생을 편애해서는 안 된다고 말하기에 공개적으로 드러내지는 않지만 분명 그 학생에 대한 인간적인 끌림이 나의 내면에 존재한다는 것을 부인할 수 없다. 이것은 나만의 일방적인 감정은 아니다. 그 학생도 나라는 교사를 자신의 인생에서 중요한 사람으로 여긴다. 그는 몇 년 전에도 우리 반 학생이었는데, 6학년이 되어서 또 한 번 나와 같은 반이 되었다. 학생이 나를 잘 따르기에 역시나 나에게 호의적이었던 그의 양육자는 "○○가 6학년 때 꼭 선생님을 다시 만나게 해달라고 온 가족이 기도했어요"라고 전해주기도 했다.

나는 동물권 옹호자로서 윤리적인 이유로 비건을 지향한다. 페미니스트들이 성평등 교육을 제도화하는 일에 성공해 사회의 차별적 인식을 변화시켜온 것처럼 동물권과 비거니즘에 대한 교육 역시 제도화되어야 한다고 생각한다. 아직은 그걸 기대하기 어려운 시대이다보니 지금은 교실에서 크고 작은 교육을 홀로 실천하고 있다. 예를 들어 기회가 있으면 학생들에게 육식 문화의 문제점을 생각해보게 하거나 비건 실천이 동물의 삶, 기후 환경, 인간의 건강에 미치는 긍정적 영향을 소개하기도 한다. 새롭게 나온 비건 식재료들을 직접 체험해볼 기회를 제공하거나 보선의 《나의 비거니즘 만화》 같은 책을 교실에 비치해두고 학생들이 비거니즘이라는 개념과 삶의 방식에 대해 알게 되기를 기대한다.

물론 이같은 나의 노력은 대개 교실에서 가시적인 결과로 드러나지 않는다. 비거니즘에 관한 글을 국어 수업 자료로도 활용하고, 창의적 체험활동 수업에 농장 동물의 삶을 소개하는 등 꽤 다양한 동물권 수업을 진행했던 학기에도 성과는 별 볼 일 없는 것처럼 보였다. 수업 중에는 나의 말에 끄덕이며 동물들의 고통에 공감하는 듯 보였던 학생조차 여름방학 동안 한 일이 "매일 '1인 1닭'하며 넷플릭스 보기"라고 말했을 때는 내가 해온 말들이 아무짝에도 소용없는 것 같았다. 그만큼 육식을 권하는 문화의 영향력과 육식을 중심에 둔 식단의 영양학적·문화적 우월성에 대한 사회의 믿음은 강력한 것이었다.

그런데 나를 따르는 이 학생을 다시 만나자 이전과는

무언가 다른 화학 작용이 일어나기 시작했다. 그는 내가 학교 급식을 먹지 않는 대신 무엇을 먹는지 유심히 관찰했다. 교실 책장에 있던 《나의 비거니즘 만화》를 열심히 읽기 시작하더니 장문의 독서 감상문을 제출했다. 그는 나를 사랑하는 만큼 여러 교육 장면에서 내가 말하는 것을 주의 깊게 듣고 그 의미를 이해하기 위해 애쓰는 것처럼 보였다. 그러던 어느 날, 그가 자신도 비건이 되겠다고 선언했다.

그의 비건 선언은 나에게 깊은 인상을 남겼다. 모두가 나의 말을 듣는 것 같지만 실은 아무도 관심 갖지 않는 주제를 늘 혼자 말하고 있을 때 느끼는 외로움이 가시는 것 같았다. 나의 말과 삶, 내가 추구하는 신념들이 누군가에게 공감과 실천을 불러일으켰다는 사실이 나에게 감동적으로 다가왔다. 하지만 나는 감동에 오롯이 빠져 있을 수만은 없었다.

그는 실제로 자신의 식판에 고기나 생선 반찬을 받지 않기로 결정했다. 두어 칸이 텅 비어버린 그의 식판을 바라보는 일은 나에게 두려움을 불러일으켰다. 하루는 퇴근 후 그가 나에게 문자를 보내왔다. "저는 정말로 우유 급식을 신청하고 싶지 않은데 엄마가 키 크려면 꼭 먹어야 한대요. 어떡해야 하나요?" 양육자 동의가 있어야만 우유 급식을 취소할 수 있는 상황에서 그는 양육자와 갈등을 겪고 있었다. 가족 간의 갈등을 내가 자초한 것만 같아 덜컥 겁이 나는 동시에 항상 나를 믿어주던 학생의 양육자가 나의 교육 방침에 등 돌리게 될까 봐 걱정스러웠다. 나는 "한 번 더 본인 의견을 말씀드려보고 그래도 신청해야 한다고 하시면 그 의견을 따르는 것이 좋겠습니다"라고 문자를 보냈다. 나의 비겁함을 나도 알고 있었다.

그는 국어 수업에서도 비거니즘을 주제로 발표를 준비했다. 그가 다른 학생들과 함께 준비한 발표 내용은 나를 감탄시키기에 충분했다. 학업적인 측면에서 매우 탁월하면서도 유려한 말과 글로 육식 문화의 진실, 비거니즘과 비건의 개념, 다양한 비건 식문화를 학생들에게 소개하는 훌륭한 발표였다. 하지만 나는 여기서도 마음껏 박수치며 호평할 수만은 없었다. 함께 발표를 준비한 학생들도 이 주제에 관심을 가지고 있기에 선택한 것인지, 담임교사가 중요하게 여겨 종종 말하는 주제임을 모두가 알고 있기에 교사의 권위와 압력에 못 이겨 선택한 것인지, 혹은 비건을 실천하겠다고 선언한 그 학생이 나에게 더 잘 보이고 싶거나 좋은 평가를 얻고 싶어 이 주제를 고른 것은 아닌지 의심스러웠다. 결국 나는 학생들에게 "비거니즘이라는 발표 주제를 선택한 것이 고맙기도 한데 어쩐지 나를 혼란스럽게 한다"는 솔직한 심정을 전할 수밖에 없었다.

물론 나의 신념은 확고했다. 나는 동물을 자본, 상품, 노예로 여기는 인간의 폭력과 동물에 대한 착취는 종식되어야 한다고 생각한다. 또한 '인권'이라는 개념은 그간 흑인, 여성, 성소수자, 장애인, 아동·청소년 등을 포괄하는 방향으로 그 범주를 넓혀왔음에도 여전히 인간 중심주의적 관점에 갇혀 있기에 이제는 권리의 주체에 비인간동물들을 포함하는 방향으로 나아가야 한다고 믿는다. 하지만 교육자로서의 나는 그 학생을 포함한 몇몇 학생들의 비거니즘 지지 앞에서 어쩐지 주저하게 되었다. 아동·청소년은 다양한 영양소를 풍부하게 섭취하며 성장해야 하는 시기이기에 편식하면 안 된다는 강력한 신화, 교사는 아직 '미성숙한' 학생에게 자신의 신념을 '주입'해서는 안 된다는 사회적 믿음 속에서 나 또한 내가 발신한 메시지들의 가치와 영향력, 교육자로서 지켜야 할 선에 대해 의심하고 있었다.

11월에는 교원능력개발평가가 있다. 학생과 양육자가 교사와 학교 교육을 익명으로 평가하는 제도이다. 학생들에게 편안한 분위기와 평등한 교육 환경을 제공하기 위해 노력해온 나지만 평가 결과를 확인하는 일은 항상 나를 떨리게 한다. 긴장된 마음으로 결과가 담긴 파일을 열었다. 큰 차이는 없지만 이전 해보다 더 나은 평가 점수와 피드백을 받았다는 것에 만족감을 느낀 것도 잠시, 나의 시선이 한 양육자가 남긴 코멘트에 멈췄다.

"고기를 먹는 일에 죄책감을 덜 느끼도록 조금만 더 신경써주셨으면 합니다. ^^;;"

문장 끝 이모티콘에서 이 문장이 그저 싸늘한 비판으로 느껴지지 않기를 바라는 양육자의 배려를 느낄 수 있었다. 이미 이 문장 앞에도 여러 개의 격려 혹은 '쿠션어'들이 배치되어 있었다. "모든 학생을 따뜻하게 대해주시고", "어린이들을 진심으로 존중해주시고", "학생들이 다양한 경험을 할 수 있도록 준비해주시고" 등등. 그래서 익명임에도 알 수 있었다. 늘 나의 교육적 결정을 지지해주고 나라는 교사를 믿어주던 그 학생의 양육자라는 걸. 이건 전혀 말도 안 된다며 무시할 수 있는 비난도, 나라는 존재에 깊숙한 상처를 남길 만한 결정적인 비판도 아니었지만 나는 어쩐지 그에게 큰 잘못을 한 것 같다는 생각을 했다. 얼마 남지 않은 학기 말까지 무언가를 더 해볼 수 있을까 고민하던 나는 비거니즘 주제 교육에 주춤한 상태가 되고 말았다.

어느덧 졸업식이 다가왔다. 정이 많이 들었던 학생들

과 헤어지고 또 다른 학생들을 만나 살아가는 것이 과연 가능할까 싶을 정도로 학생들에게 깊은 연결감을 느낀 한 해였다. 졸업식 무대에 오른 학생들은 한 명씩 교장 선생님에게 졸업장을 받은 후 담임 교사에게 온다. 전날 리허설을 할 때만 해도 분명 모두 빈손이었는데, 졸업식 당일 나에게 다가오는 학생들의 손에 무언가가 쥐어져 있다. 졸업을 앞두고 내게 쓴 편지들이었다. 학생들이 건네는 편지를 감사한 마음으로 받았다. 그들과 악수하며 "그간 수고 많았습니다" 한마디를 하면 되는데 점점 눈물을 참을 수가 없었다. 사진이 잘 나올까 싶어서 몇 년 만에 얼굴에 바른 파운데이션 쿠션이 눈물과 함께 녹아내릴 지경이었다.

졸업식을 마치고 교실로 돌아와 학생들과 사진을 찍은 후 작별 인사를 했다. 그들이 모두 떠나간 후 교사용 책상 위에 고이 올려두었던 학생들의 편지를 하나하나 읽어보았다. 모든 편지가 고맙고도 소중하게 느껴졌지만 그중 나와 두 해를 함께 보내는 동안 특별한 관계를 맺은 그 학생의 편지를 읽다가 오열하고 말았다.

선생님은 저에게 새로운 세상을 볼 수 있는 눈을 선물해 주신 것 같아요. 내가 모르고 있었던, 혹은 애써 외면하고 있었을지도 모르는 현실을 알려주신 분이 바로 선생님이신 것 같아요. 너무 감사합니다. 선생님께서 가르쳐주신 것을 받아들인 것도 저고, 선택을 한 것도 저니까 선생님 탓 안 하셨으면 좋겠어요. 전 선생님 덕분에 행복했으니까요.

· · ·

사람들의 비난이나 비판을 의식하지 않고 '당당하게' 법과 제도, 학교라는 시스템 안에서 비판적 교육학을 추구하는 교육자가 안전하게 보호받으며 교육할 수 있을까? 지금은 아니지만 언젠가는 그런 날이 오기를 간절히 바란다. 하지만 지금은 그런 시대가 아니라는 것을 인정할 수밖에 없다. 심지어 벨 훅스 같은 세계적인 권위자가 백인들 앞에서 연설했던 과거의 미국에서도 그런 것은 기대할 수 없었다. 그렇다고 '벨 훅스 같은 사람도 못 한 일이니 우리에게는 더욱 요원하다'는 이야기를 하려는 것은 아니다. 그저 우리가 하려는 일의 성격과, 때로는 우리가 돌파해야 하는 환경이 무엇인지를 명확하게 인식하고 준비해야 한다는 의미다.

　벨 훅스는 비판적 교육학의 성격과 가능성에 대해 이

렇게 설명한다. "학문 세계에서 급진적인 반체제 사상가로서 내가 성공할 수 있었던 것은 굉장히 운 좋은 일이었다. 정상 규범에 반대되는 사고를 하는 다른 운 좋은 사람들처럼, 나의 성공은 닫힌 체제란 없다는 현실을 지속적으로 일깨워주는 것이었다. 즉, 모든 시스템에는 틈이 있으며 그 틈은 가능성의 여지다."[13]

우리는 사람들의 신념과 세계관, 가시화하기는 어렵지만 촘촘히 짜여 있는 사회문화적 관습에 균열을 내기 위해 크고 작은 망치를 들고 교육 현장을 누비는 사람들이다. 어떤 운 좋은 날은 많은 교육 참여자들이 그 망치질을 곧잘 받아준다. 어떤 날은 몇몇 참여자들이 그 망치질을 되받아쳐 결국 우리 자신이 상처를 입기도 한다. 최악의 날에는 교육자 자신의 두려움 때문에 망치를 제대로 꺼내지도 못한 채 교육을 마치기도 한다. 몇 년을 해도 늘 어렵다. 우리가 중시하는 교육 주제는 4차 산업혁명 시대의 'AI교육'이나 '에듀테크'처럼 많은 사람이 환영하는 주제가 아니라는 점을 생각하거나 오히려 대다수에게 '피곤한' 주제라는 사실을 받아들이는 게. 어떤 날은 무슨 이야기를 해도 반응 없는 사람들을 앞에 두고 혼자서 열을 내다가 교실 밖으로 나온 후에야 땀으로 속옷까지 젖어 있는 자신을 발견하는 것이. 운 좋게 사람들에게 흥이 나게 하려면 수 시간을 치밀하게 준비해야 하고 동시에 수업 내내 강도 높은 감정노동을 해야 한다는 사실이. 하지만 이제는 어느 정도 받아들이려고 한다. 그게 내가 선택한 교육이라는 것을. 내가 인식한 것의 실체를 사람들에게 말하는 일, 지배적인 신념과 세계관과 구조와 문화에 도전하는 교육, 그걸 추구하는 진보적인 교육자로 살아가는 것은 종종 어떤 위험을 감수해야 한다는 사실을.

낯선 사람들을 만나야 하는 교육을 준비할 때면 학생들의 반발, 양육자의 민원 같은 것을 예상해본다. 지금까지 딱히 실현된 적 없는 걱정임에도 상상은 꽤 생생해서 교육을 시작하기 전부터 나를 긴장하게 만든다. 그럴 때 벨 훅스의 글을 떠올리면, 또한 끝내 나를 엉엉 울게 만들었던 그 학생의 편지를 떠올리면 나는 다시 앞으로 나아갈 힘을 얻을 것이다. 페미니즘을 삶의 핵심 주제로 선택한 우리는 앞으로도 여러 상황에서 고통과 좌절을 겪을 것이다. 하지만 이 모든 두려움을 뚫고나갈 용기와 희망, 사랑 역시 우리 정체성의 일부라는 사실을 기억하고 싶다. 우리는 사회를 이루고 만드는 인간 내면의 변화 가능성을 믿기에 이 교육을 한다. 그리고 이같은 선택의 바탕에는 인간과 사회에 대한 깊은 사랑이 존재한다. 나 또한 이 사실을 잊지 않으려 한다.

《본 블랙》

*Bone Black: Memories of Girlhood* (1996)

내가 사는 세계에서
나의 자리 발견하기

김동진

"항상 나를 사랑하는 할아버지에게 나는 이렇게
말했다. 나는 이 세상에 속하고 싶은데,
항상 아웃사이더로 사는 것이 상처가 된다고.
할아버지는 나에게, 이 세상에 우리가 속할 수 있는
방법은 아주 많이 있으며, 내가 어디에 속할지를
찾아내는 것은 나의 몫이라고 말해주었다."

—《본 블랙》, p.182-183

책 소개

국내에 번역되지 않은 책 《본 블랙》은 벨 훅스가 자신의 어린 시절 이야기를 짤막한 일화 형식으로 쓴 책이다. '소녀 시절의 기억'이라는 부제처럼, 이 책은 벨 훅스의 미취학아동 시절부터 청소년 시절 정도까지의 일화들로 이루어져 있다. 총 61개의 일화이며, 보통의 책들과는 달리 목차나 장별 제목이 없다. 에피소드들은 '#1', '#2'와 같은 형식으로 번호가 매겨져 있다.

벨 훅스는 이 책의 서문에서, 흑인 소녀에 관한 서사가 거의 없던 시절 흑인 여성 작가인 토니 모리슨의 책이 자신에게 얼마나 중요한 영향을 주었는지를 말한다. 그렇기에 그가 이 책을 통해 자신의 소녀 시절 이야기를 드러낸 것은 사실상 흑인 소녀 혹은 여성들을 향한 연대의 몸짓이 아니었을까 상상해본다. 그렇게 해서 흑인 소녀들 역시 역사 기록의 주체가 될 수 있다는 것을 알려주려는 그의 몸짓. 모두가 그렇겠지만 흑인 소녀들 역시 자신의 계급에 따라 각기 다른 경험을 하며 성장하기 때문에, 이 세상에 어떤 단일한 흑인 소녀의 이야기란 없으며, 우리는 그 다양한 이야기를 모두 들어야 한다고 그는 말한다.

벨 훅스는 "어린 시절이 우리의 삶을 결정한다기보다는, 어린 시절에 대해 우리가 어떻게 상상하는지에 따라 우리의 삶이 결정된다고 할 수 있다"는 심리학자 제임스 힐먼의 말을 이 책의 서두에 인용한다. 이 책은 사실만에 관한 이야기가 아니라, 사실에 더해진 벨 훅스의 꿈과 환상에 관한 이야기다. 때로 그는 무슨 일이 일어났는지 정확히 묘사하기보다는, 그 일에 대한 자신의 느낌, 꿈, 환상을 시적인 언어로 뒤섞는다. 이것이 벨 훅스의 다른 저작과는 다른 이 책만의 독특한 스타일이다. 독자들은 때로 어떤 에피소드를 읽을 때는 어디까지가 사실이고 어디서부터 환상인지 구분하기 어려울 수도 있지만, 그러면 그런대로 독자의 상상을 자극하는 것이 이 책의 매력 중 하나다.

또 한 가지 독특한 글쓰기 스타일은 벨 훅스가 대체로 자신을 'I(나)'가 아니라 'She(그녀)'로 지칭했다는 것이다. 벨 훅스는 그렇게 함으로써 과거의 자기 경험을 거리를 두고 바라볼 수 있었다고 말한다. 또한 이는 독자들도 벨 훅스의 이야기에 무작정 빠져들기보다는, 조금 떨어져서 지켜보며 그의 삶의 전체적인 맥락을 바라볼 수 있게 배려하는 장치가 아닐까. 또 책 속의 일들은 대부분 현재 시점으로 쓰여있어 마치 지금 벌어지고 있는 일 혹은 나와 더 가까운 경험처럼 느껴지기도 한다.

나에게 이 책은 글로리아의 어린 시절을 통해 그의 삶과 글을 더 깊이 이해하는 과정이었다. 예컨대 어떤 에피소드에서는 그의 어린 시절 기독교 신앙의 체험이 그가 여러 종교를 넘나들며 영성에 관한 생각을 확장하고 글을 쓰는 기반이 되어 줬다는 걸 알 수 있다.[1] 또한 여러 에피소드를 통해, 벨 훅스가 동네와 교회 및 친척들의 공동체에서 자랐기 때문에 공동체를 강조하는 학자가 될 수 있었다는 것을 짐작할 수 있었다.[2]

이 책을 덮은 후 나에게는 한 가지 질문이 머릿속에서 맴돌았다. 우리는 과연 어린 시절의 경험을 뛰어넘을 수 있을까. 이 책을 통해 알게 된 벨 훅스는 좋은 어른들로 둘러싸인 공동체에서 자랐으며, 씩씩하고 강인한 흑인 여성 어른들을 보며 성장했다. 그렇기에 그 역시 강인한 여성이 되었을 것이다. 하지만 그렇다면 우리는 어린 시절에 보고 듣고 배우지 못한 그런 사람 또한 될 수 있을까. 예컨대 어린 시절에 딱히 공동체를 경험하지 못하고 개인주의적인 삶을 살아온 나는 그럼 공동체를 형성할 수가 없는 걸까.

그런데 또 이 책을 읽다 보면 반대의 경우도 알 수 있다. 벨 훅스는 어린 시절 내내 가족들로부터 이해받지 못하고 "쟤는 나중에 분명 미쳐서 정신병원에 갈 거야" 등의 비난을 듣고 자랐다. 그런 그가 성장하여 건강하고 올곧은 정신으로 전 세계적으로 좋은 영향력을 미치는 페미니스트가 되었다는 것 자체가, 우리가 어린 시절의 경험을 뛰어넘을 수 있다는 증거 아닐까.

이런 고민을 독서 모임 멤버들과 나누었다. 우리는 어린 시절의 경험을 뛰어넘을 수 있다고 생각하는지, 그리고 뛰어넘고 싶은 어린 시절의 경험 혹은 간직하고 싶은 유산이 있다면 무엇인지 이야기했다. 독서 모임 멤버들은 벨 훅스의 이야기에 버무려 각자 자신의 어린 시절과 현재의 이야기를 꺼내놓았다. 좋았던 경험과 상처받았던 경험이 모두 어우러져 지금의 나를, 서로를 만들었음을 이해해보는 경험이었다.

이 책에서 벨 훅스 역시 긍정적인 경험뿐 아니라 상처받은 경험도 드러낸다. 그도 인간이라 가족에게서 상처받았던 크고 작은 경험까지 대중 앞에 드러내는 것이 쉽지 않았을 것이기에, 아마도 용기를 갖고 이 책을 썼으리라 짐작해본다. 어쩌면 그가 처음 의도한 것은 자신의 이야기로 흑인 여성들과 연대하는 것일 수 있겠지만, 그의 그 용기는 오늘 이 시대를 살아가는 우리에게도 힘이 되어 주었다.

그러니 이 책 《본 블랙》을 오늘의 대한민국을 살아내고 있는 우리 모두에게 권한다. 이 책은 흑인 여성들만에 관한 이야기가 아니다. 이 책은 어떤 사회를 살아가고 있든 나 자신을 마주하고 돌보는 일을 가능하게 해준다. 벨 훅스의 소녀 시절처럼 나도 어린 시절에 가족들로부터 받은 상처가 있다면 무엇인지, 반면 간직하고 싶은 유산이 있다면 무엇인지 생각해봄으로써 지금 나에게 가장 필요한 경험이 무엇일지 알아갈 수 있을 것이다. 그리고 그런 일을 이 책을 함께 읽은 사람들과의 대화로 시작한다면, 당신이 과거의 고통을 지금을 살아갈 힘으로 변화시켜가는 그 과정에 벨 훅스는 이 책 《본 블랙》으로 항상 함께해줄 것이다.

글로리아, 어쩌죠? 난 당신만큼의 용기가 없어요. 내 삶을 열어 보일 용기. 내 삶을 펼쳐 보이고 나를 취약하게 만들 그런 용기. 당신은 이 책에서 당신의 얘기를 하기도 하고 안 하기도 했죠. 상상력을 가미한 시적인 표현을 썼잖아요. 당신도 어느 정도는 자신을 보호하는 테두리가 있었군요. 그래서 사실 당신에 대해 더 궁금한 것이 많지만 당신이 얘기해주지 않아 모르는 것들이 너무도 많네요.

글로리아, 당신 이야기를 쓴 이 책 앞에서 나는 더 비겁해져요. 어디서부터 내 이야기를 써야 할지, 펼쳐 보여야 할지 모르겠어요. 당신이라면 이런 때 어떻게 했을까요. 당신이 했던 것처럼 아주 어린 시절의 기억부터 떠올려 볼까 해요. 그런데 글로리아! 당신은 어린 시절의 일을 어떻게 그렇게 잘 기억할 수 있죠? 나는 잘 기억이 나지 않아요. 뭐부터 기억해내야 할지 정말 모르겠네요. 어쩌면 끄집어내지 않고 덮어두고 싶어서 그런 걸 수도 있겠어요. 그러니 일단 지금의 얘기로 시작해봐도 될까요.

### 탁구공처럼 존재하기

"그래 동진아, 나도 교육학 했지만, 애는 너처럼 키워야 하는 게 아닌가 하는 생각이 가끔 든다." 세 자녀를 둔 대학교수인 선배 언니의 말을 듣고서야 남들이 나를 어떻게 바라볼지가 약간 그려지는 것 같았다. '남편과 똑같은 대학에서 학위를 했지만 자녀 양육의 중요성을 절감하기에 일보다 육아를 선택한 여자'일 것이었다. 하지만 실제나는 내가 탁구공 같은 존재라고 느끼고 있었다. 스물아홉에 새로 배운 페미니즘적인 가치관과 어릴 때부터 착실히 익혀온 가부장적인 가치관, 아이를 맡기고 집 밖에 나가 일을 하는 것이 주체적인 여성이라는 가치관과 아이는 엄마가 키워야 한다는 가치관, 나도 일을 하고 싶다는 욕구와 또다시 남겨질 아이에 대한 죄책감 사이에서 이러지도 저러지도 못한 채, 이쪽 저쪽에서 채에 치이며 네트 양쪽을 왔다 갔다 하기만 하는 탁구공. 나를 둘러싼 사회가 나에게 모순적인 메시지를 던지고 있는 가운데 내가 어떤 선택을 한 것처럼 보인 것이 과연 나의 전적인 선택이라고 말할 수 있는 걸까.

'여성주의 교육 연구소 페페'(이하 '페페연구소')라는 이름으로 1인 연구소를 설립한 것은 지금으로부터 5년 전이었다. 주로 두 아이를 양육하면서 대학 강사로 일하는 생활을 10년 넘게 하다 보니, 내가 집중해서 일하고 싶은 주제가 페미니즘 교육이란 것이 점점 분명해졌다. 하지만 아이들이 어린이집과 학교에 다녀오는 오전에만 강의를 하고 얼른 집에 오는 생활을 오랫동안 반복하다 보니 페미니즘 교육 일을 같이 할 사람을 알지 못했기에, 1인 연구소를 만들었다. 개인사업자 등록을 덜컥 해버린 데에는 "누구도 억울하지 않기 위한, 1인분의 자립"[3]이라는 책의 구절이 큰 역할을 했다. 기혼 여성인 그 작가는 여성이든 남성이든 피해의식으로 배우자에게 삿대질하지 않기 위해 각각 1인분의 경제적 자립을 해야 한다고 썼다. '그래, 그거다, 1인분의 자립!' 이제와 돌이켜 보니 별다른 생각 없이 그 구절에 꽂혀 사업자 등록을 했던 것 같다.

그로부터 5년이 지난 지금, 그때의 나 자신을 돌아보며 묻게 된다. 1인분의 자립을 하고 싶으면 사실 강사 일을 더 많이 했어도 되었을 텐데, 나는 왜 굳이 1인 연구소를 만들었을까. 왜 나는 페미니즘 교육을 그렇게 하고 싶었을까.

## 벨 훅스와의 만남

그간의 나의 삶을 돌아보니 강의하는 일은 내 정체성의 큰 부분을 차지해오고 있었다. 두 아이의 독박 육아 기간 동안, 끝이 안 보이는 긴 동굴을 하염없이 지나고 있는 것 같은 그 시간 동안에도, 나의 최소한의 자존감을 채워준 유일한 일이자 내가 좋아하는 일이 강의였다. 아무도 나에게 시키지 않았지만 매번 강의할 때마다 내가 배워온 페미니즘의 관점을 자연스럽게 녹여내어 가르치려고 애써왔다.

어떻게 페미니즘 관점으로 잘 가르쳐볼까 고민하다 만난 책이 벨 훅스의 《벨 훅스, 경계 넘기를 가르치기》였다. "강의실이 '흥'이 나는 공간이어야 한다", "이론화 작업은 치유의 공간이다"라는 말이 내 가슴에 와 박혔다. 미국에서 공부하며 영어 책과 논문으로 만난 벨 훅스는 여러 위대한 페미니스트 사상가 중 한 명 정도였는데, 한국에서 《벨 훅스, 경계 넘기를 가르치기》로 만난 벨 훅스는 단번에 나에게 '위인'이 되었다. 어린 시절 책장을 가득 메운 위인전 중 단 세 명뿐이었던 여성 위인(마더 테레사, 나이팅게일, 마리 퀴리) 중 그 누구도 롤모델로 삼기를 실패하고 여성 롤모델을 딱히 알지 못하고 살던 나에게 그때부터 벨 훅스는 나의 '위인'이었다.

어린 두 아이의 육아로 여전히 정신없이 살던 어느 날, 서점에서 벨 훅스의 《올 어바웃 러브》를 만났다. '어, 벨 훅스네?!'하며 단지 내가 좋아하는 사람의 책이 이렇게 서점 한가운데에 놓여 있다는 반가운 마음만으로 집어 들었던 《올 어바웃 러브》. 사랑이란 '상대방의 영적 성장을 위해 자아를 확장하고자 하는 의지'라고 정의한 그 책을 읽으며 하염없이 눈물을 흘렸던 것 같다. 나는 대체 사랑이 뭐라고 생각하고 연애와 결혼을 하며 지금까지 살고 있었던가, 지금까지의 내 인생은 뭔가 하는 깊은 회한의 눈물.

하지만 인생은 계속 살아내야 했고, 꼬물꼬물한 두 아이들은 계속 키워내야 했기에 그저 눈물을 닦고 다시 앞을 볼 수밖에 없었다. 그러다 언젠가 만났던 《모두를 위한 페미니즘》은 '성차별주의와 그에 근거한 착취와 억압을 끝내려는 운동'이라는 명쾌한 '페미니즘'의 정의로 나뿐 아니라 많은 국내 독자들에게 읽힌 책이었다. 또 지금은 《당신의 자리는 어디입니까》란 제목으로 복간된 《계급에 대해 말하지 않기》는 벨 훅스 자신의 솔직한 이야기로부터 계급에 관해 생각해볼 수 있게 하는 책이었다. 어떤 책을 번역하는 일은 바로 그 책을 "지독히도 사랑하는 방식"⁴이라고 했다. 벨 훅스와 그의 책들에 몰두하던 끝에 마침내 내가 번역한 《벨 훅스, 당신과 나의 공동체》는 사랑이 있는 강의실 공동체에 대해 말하고 있어 나에게 소중한 책이었다. 번역은 쉽지 않은 작업이었지만, 그의 문장들은 나에게 매일의 위로와 힘이 되었다.

또한 번역되지 않아 내가 놓친 그의 책은 무얼까 하며 찾아보다 발견한 보물 같은 책이 《본 블랙: 소녀 시절의 기억》이다. 제목 그대로 벨 훅스가 자신의 어린 시절 이야기를 짤막한 에피소드로 쓴 책이다. 이런 책이 있다는 걸 지금까지 왜 몰랐을까. 게다가 표지에는 대략 서너 살쯤 되어 보이는 어린 벨 훅스의 사진이 있다. 귀엽게 톡 튀어나온 이마와 짧은 곱슬머리, 앙다문 입술로 무언가를 심각하게 쳐다보고 있는데, 차려입은 느낌을 주는 흰색 원피스에 샌들을 신고 있다. 귀엽지만 반항적인 여아로 보이는 이 사진을 한참 들여다보았다. 표정을 보니 뭔가가 마음에 안 드는 건가 싶기도 하다. 세 살 아이들이란 마냥 귀엽기만 한 아기에서 조금씩 자의식을 갖게 되는 천방지축인 존재들이 아니던가.

벨 훅스에게도 이런 시절이 있었구나. 그러면서 펼쳐든 이 책의 벨 훅스는 나의 '위인' 벨 훅스라기보다는 '어린 글로리아'였다. 자신을 특히 미워하는 할머니에 대한 반항으로 할머니에게 침을 탁 뱉었던 글로리아, 가난해서 집에서 학교까지 긴 거리를 걸어 다녀야 했던 글로리아, 죽어도 신기 싫었던 신발을 매일 밤 부모님 몰래 쓰레기통에 갖다 버리던 글로리아, 다음 날 아침에 바로 발각되어 된통 혼나고 다시 그 신발을 신어야 했어도 그 신발을 밤마다 쓰레기통에 버리기를 계속했던 글로리아, 밝은 밀크초콜릿 색의 아기 인형을 소중히 갖고 놀며 흑인으로서의 정체성을 깨달아갔던 글로리아, 어린 남매간의 흔한 다툼일 뿐이었는데 아빠에게 각목으로 맞았을 뿐 아니라 "저 기집애는 기가 너무 세서 꺾어놔야 돼"라는 말까지 들어버린 글로리아, 시골 마을의 교회 공동체에서 좋은 여자 어른들에게 둘러싸여 살았던 글로리아 등. 이 책은 온통 '어린 글로리아'의 이야기였다. 책의 후반부라 해봤자 사춘기 소녀 글로리아다. 이 책을 읽으며 나는 점점 더 글로리아에게 빠져들었다.


글로리아, 당신은


글로리아, 당신은 공동체 속에서 살았어요. 시골 마을 전체가 교회 공동체였던 그런 마을에서요. 가족과 함께 매주 가던 교회에서는 어린 글로리아에게 꿈과 힘을 실어주는 좋은 말을 해주고 선물도 주던 친절한 여성도 만났고, 다리에 장애가 있는 신앙심 좋은 할아버지와도 친구가 되었죠.[5] 또 고모, 할아버지, 증조할머니와 외할머니, 외할아버지, 이모들까지도 어린 글로리아를 둘러싼 공동체였죠. 당신을 싫어했거나 다소 거리를 두고 지냈던 친척도 있었지만, 당신은 대체로 부모님에게 받지 못했던 따뜻한 사랑을 주는 할머니와 할아버지들에게 둘러싸여 있었어요. 그게 당신의 어린 시절 공동체였죠. 하지만 나는 좀 달랐어요. 대한민국의 서울이라는 대도시에서 나고 자랐고, 아파트 문을 닫고 들어가면 그 안에서 무슨 일이 벌어지는지 알 수 없는 핵가족 사회에서 자랐거든요. 할머니, 할아버지와는 가까이 살아서 비교적 자주 방문하긴 했지만, 엄마가 나에게 하도 할머니 욕을 하는 바람에 할머니와는 친해질 수가 없었어요. 내가 다니던 교회는 같은 교회에 오랫동안 다녔어도 누가 누군지도 모르는 대형 교회였어요. 예배 시간 한 시간만 얼굴을 보고 각자의 동네로 돌아가는 또래들과는 친구가 되기 어려웠죠.

글로리아, 당신은 강인한 여성들을 보며 자랐어요. 당신이 너무도 좋아했던 외할머니 사루(본명은 '사라'인데 벨 훅스는 특별히 자신이 지은 이름 '사루'를 더 좋아했기에 그렇게 썼다)는 당신이 반복적으로 꾸던 꿈 이야기를 듣고서 '나중에 너는 전장에서 싸우는 전사가 될 거'라고 말해주었다죠.[6] 어쩜 그 어린 글로리아가 나중에 이렇게 전 세계적으로 영향력을 미치는 페미니스트가 될 줄 알고 그런 말을 한 걸까 싶어서 소름이 돋았어요. 당신에게 강인한 여전사 같은 기질이 있다면 아마도 그건 외할머니에게서 어머니로 전해져서 당신이 물려받은 기질인가봐요.[7] 아무리 시골 마을이라지만, 집안의 여성들이 직접 닭을 잡고 필요한 대부분의 물건을 만드는 것을 보고 자라다니. 그런 환경 속에서 아마도 당신은 여성과 남성이 동등한 존재라는 것을 무의식중에 배웠을 거예요.[8] 하지만 나는 그렇지는 않았어요. 나의 친척 어른들 중에 내가 보고 배울 만한 강인하고 좋은 여성은 없었던 것 같아요. 가끔 보는 고모는 늘 다소 차가운 느낌이었고, 항상 난을 가꾸고 꽃꽂이를 가르치는 인자한 큰 이모와 사촌 언니들은 좋아했지만, 엄마는 자신의 형제자매들과 좋은 관계로 지내지 않았기 때문에 결국 나중엔 만나지도 못했어요. 돌이켜보면 내 주변에는 나에게 좋은 영향을 주었던 어른들이 정말 별로 없었네요.

　글로리아, 당신이 어릴 때 책과 시를 좋아했던 이유가

있었군요. 생각하기와 질문하기, 자신의 의견 말하기를 좋아했던 당신을 가족들은 말대꾸한다며 비난하고 조롱하고 벌을 주었죠. 당신의 세계는 존중받지 못했을 뿐 아니라 가난한 환경 속에서 더욱 침해당했어요. 그러면서 당신은 책에서, 특히 시에서 피난처를 발견했죠. 시의 의미를 이해하고 외우는 것이 당신의 삶의 한 줄기 빛이었고, 벌을 받을 때에도 살아남는 방편으로 시를 이용하기도 했어요.[9] 사춘기에 한창 섹슈얼리티를 탐구할 때도 아빠 방에 있던 포르노 잡지를 보았고, 엄마에게 들켜 더 이상 책을 못 보게 되자 동네 도서관에서 닥치는 대로 책을 빌려다 읽었죠.[10] 조지 엘리엇, 헨리 제임스, 에밀리 브론테, 샬롯 브론테와 같은 거장들의 책도 읽었지만 '할리퀸 로맨스' 류의 소설에 빠져들기도 했어요. 자신을 이해하지 못하는 가족 사이에서 잘못 태어났다고 느끼고 항상 제대로 하는 게 없다고 비난받으며 자라왔지만, 로맨스 소설을 읽는 동안은 손상된 자아를 회복할 수 있다는 희망을 가질 수 있었죠.[11] 이런 어린 시절을 거친 당신은 커서도 삶의 문제를 해결하기 위해 책을 읽었다는 이야기를 《당신의 자리는 어디입니까》에서 발견했어요. 당신처럼 나도 책을 좋아했어요. 밤에 잔다고 방에 들어가서도 엄마 몰래 손전등을 켜고 책을 읽다 들켜서 혼나기도 하고, 누워서 책을 읽다가 시력이 나빠진다고 혼나기도 했죠. 나는 당신처럼 책을 좋아하게 된 과정이나 이유가 잘 기억나진 않지만, 지금 생각해보면 어쩌면 엄한 엄마 밑에서 자라면서 재미있게 할 일이 책 읽기밖에 없어서 그런 게 아니었을까 싶기도 해요. 그런데 성인이 된 지금 나도 이렇게 책을 쓰거나, 번역하거나, 독서 모임을 하면서 책과 함께 살아가고 있네요.

글로리아, 그날 그 밤 이후로 당신은 이전과 같지 않았어요, 그렇죠. 어렸던 당신이 아빠가 엄마를 폭행하는 것을 목격한 바로 그날 밤이요. 모든 어린이들에게 다 그렇듯 당신에게 너무나 소중한 존재였던 엄마에게 아빠는 심하게 소리 질렀고 엄마를 때렸어요.[12] 어린 당신은 어떤 일이든 척척 해내며 그토록 강인하던 엄마가 그저 울면서 빌기만 하는 걸 보고 너무도 충격을 받았죠. 하지만 어린 당신은 용감했어요. 다른 형제자매들은 아빠가 무서워 방으로 올라갔지만 당신은 엄마에게 '지금 내가 엄마를 두고 가도 괜찮겠냐'고 물었죠. 또 자신이 이 장면의 증인이 되어주려고, 엄마가 혼자가 아니라는 걸 알려주려고 아빠 몰래 다시 계단을 내려갔죠. 엄마가 아빠에게 쫓겨 집을 나가던 때에도 당신은 엄마 옆에서 엄마 손을 잡고 있었어요.[13] 어린 글로리아, 당신은 평범한 어린

이라면 하기 어려웠을 용감한 행동을 엄마를 위해 했던 거예요. 하지만 이후 마치 아무 일 없었다는 듯 아빠 편을 드는 엄마를 당신은 도무지 이해할 수 없었죠.[14] 게다가 무슨 일인지 엄마가 당신을 혼내다 회초리로 때리던 순간, 당신은 아무 저항도 하지 않고 그저 아빠에게 맞고만 있던 엄마의 모습을 떠올렸죠. 어린 당신이 얼마나 괴로웠을까요. 그날 그 밤 이후 아빠는 낯선 사람이 되었고, 당신은 모두가 그저 연기하고 있는 거라고 느꼈죠. 폭력의 가해자에게 관대하고 심지어 동조하는 사회에 대한 당신의 절망이 느껴져서 나도 절망했어요. 나에게도 그런 날이 있었어요. 당신과는 조금 다른 경우지만, 내 마음속에 있었던 촛불 같은 것이 훅 꺼지던 그런 날이요. 꺼지기 전엔 내 마음에 그런 촛불이 있는지도 몰랐지만, 꺼지고서야 알아챘던 그런 희망의 불빛들이요. 인간성에 대한 신뢰의 상실이라고 해야 할까요. 나의 그런 날은 20대의 나에게 찾아왔어요. 내가 결혼하겠다고 했던 남자를 엄마는 만나보지도 않고 반대했어요. 엄마의 극단적인 말과 행동으로 나의 몸과 마음이 상처 입었던 그날 밤, 내 마음속 조금의 자책이 무색하게도 엄마가 맑은 정신으로 그 모든 일을 기획했다는 것을 알게 되었어요. 무슨 일인지는 더 말하지 않을래요. 아무도 믿어주지 않을 수도 있으니까요. 그래픽노블 작가 오사 게렌발도 그래서 자신의 자전적 작품에서, 엄마가 본인에게 한 어떤 말의 말풍선을 일부러 비워두었대요. '에이, 설마, 엄마가 진짜로 그랬겠어'라는 남들의 말에 자신이 그런 말을 들었던 사실 자체를 스스로 의심하게 되는 일이 없도록, 그렇게 해서라도 그 얘기가 진짜임을 적어도 자기 자신에게는 증명하려고요.[15]

글로리아, 당신은 조금씩 성장하며 어린 시절이라는 동굴을 나와 글의 세계에서 자기 자리를 발견하고 만들어갔네요. 어릴 때부터 당신은 가장 친밀한 관계인 가족들에게 이해받지 못했어요. 당신이 책을 읽느라고 할당된 빨래 다림질을 늦게 하러 갔을 때, 엄마를 포함한 형제자매들은 당신에게 이상하다고, 미쳤다고, 할 줄 아는 것도 하나도 없다고 비난했죠. 심지어 "저 애는 나중에 미쳐서 정신병원에 가서 죽을 거야"라고도 했죠. 당신은 '나도 이 세상에 속하고 싶은데 나는 항상 아웃사이더이더여서 그게 너무 상처가 된다'고, 사랑하는 할아버지에게 말했죠. 그러자 할아버지는, '우리가 이 세상에 속할 수 있는 방법은 정말로 여러 가지가 있고, 내가 속할 곳이 어디인지 찾아내는 것은 내가 할 일'이라고 말해주었죠.[16] 이해받지 못해 외롭고 어디에도 속하지 못하는 것 같아 절망

적이었던 당신은 책을 마구 읽으며 그 속의 말들에서 당
신의 자리를 발견했어요. 모든 식구들이 잠든 검은 밤, 당
신은 이야기를 만들었고, 꿈을 기록했고, 시를 썼죠. 그렇
게 글을 쓰면서 당신이 속할 수 있는 곳을 발견하고 만들
어갔어요. 앞서 나는 당신이 동굴을 나왔다고 표현했지
만, 사실 당신은 글을 쓰며 당신 안에 어두운 '본 블랙'의
동굴을 만들었다고도 했어요.[17]


## 글로리아와 나의, '본 블랙'


글로리아, 이 책의 제목이기도 한 '본 블랙'의 의미를
나는 알 것 같기도 하고 모르는 것 같기도 해요. 물감 재
료의 역사에 관한 책에서 당신이 발견했다는 '본 블랙'.[18]
동물의 뼈를 밀폐된 용기에 넣고 고열로 석회화하면 얻
어지는 검은 탄소질로, 용액 정제용이나 약용, 흑색의 안
료로 사용되는 물질이라니. 당신이 끌렸던 건 타고 있는
뼈의 이미지였죠. 육체가 불에 타버리고, 검게 변하고, 재
가 되는 그런 이미지요. 심지어 검은색은 그동안 당신에
게는 금지된 색이었죠. 당신의 어머니는 어릴 때부터 당
신에게 '검은색은 여자의 색인데 넌 여자가 아니라 어린

이니까 검은색 옷을 입을 수 없다'고 말해왔고, 실제로 검은색 옷을 사주지 않았으니 말이에요.

당신이 고등학생이던 시절, 흑인이라는 이유만으로 학생들의 역량을 낮춰 보고 무시했던 당신의 학교에는, 문제는 흑인 학생들이 아니라 인종 혐오를 내재화한 백인들이라고 생각하며 흑인 학생들을 존중하던 선생님이 있었어요. 그 해롤드 선생님의 미술 시간이었죠. 당신이 검은 옷과 관련된 위의 이야기를 하자 평소 검은 옷을 즐겨 입던 해롤드 선생님은 한바탕 웃더니 당신에게 검은색에서 시작해서 더 다양한 색깔을 더해보라고 했죠. 당신은 검은 동굴과 불을 그렸어요. 불의 색깔은 붉은색, 푸른색, 노란색, 초록색으로, 그리고 가장 중심은 검은색으로 표현했어요. 결국 불타 재가 될 바로 그 검은색. 당신은 해롤드 선생님에게 '난 그 동굴을 떠나 '야생의 세계wilderness'로 갔다'고 말했죠. 해롤드 선생님이 그 야생의 세계를 색으로 표현해보라고 하자 당신은 조금은 밝은 색을 띠고 있지만 결국 희미해지는 색깔들을 썼고, 그 그림의 제목을 '야생의 가을'이라고 붙였어요.

처음에 이 책의 제목만 보았을 때는 '본 블랙'이란 제목이 당신 자신의 흑인성을 강조하려는 의도인 줄 알았어요. '뼛속까지 흑인' 정도로 번역할 수 있으리라 생각했고요. 어린 시절 이야기를 할 때면 자신의 흑인성에 대해 자연스럽게 드러낼 수밖에 없기 때문에 '흑인' 소녀로서 자라온 경험을 강조하려고 쓴 제목인 줄 알았는데요. 그런데 책의 끝부분에 등장한 이 '본 블랙'의 의미가 뭘까 계속 생각하게 되었어요.

글로리아, 나는 여전히 매일 조금씩, '본 블랙'과 당신에 관해 생각해요. 일부러 그러려던 것은 아닌데 문득 생각이 나요. 길을 걷다가도, 밥을 먹다가도, 설거지를 하다가도. 뜨거운 불에 타버려서, 처음부터 끝까지 다 타버려서, 검게 변한, 재로 변한 그것과 그때 그 순간의 당신에 관해 생각해요. '본 블랙'에 관해 쓴 글은 책의 거의 끝부분에 있었죠. 때론 안정감을 느끼기도 했고 의미 있는 관계들이 있기도 했지만, 당신을 이해해주지 못했던 가족들 사이에서 혼자라고 느끼던 어린 시절의 경험을 통과하여, 청소년기의 경험을 말하던 책의 거의 끝부분에요. 당신은 동굴을 나와 야생의 세계로 갔다고 했죠. 재가 되어 타버린 무언가를 동굴에 두고 나온 건가요. 당신 자신이 '본 블랙'이 되어버린 건가요. 아니면 당신이 뒤에 남겨두고 떠나온 그 동굴이 '본 블랙'인 건가요.

그러면서 계속 생각해요. 나에게도 남겨두고 떠나온 동굴이 있나. 동굴을 뒤로하고 나와 걸어 들어간 야생의 세계가 있나. 당신처럼 나도 내가 사는 이 세계에서 나의 자리를 발견한 걸까 하고요. 당신은 자신이 속할 곳을 일찍이 찾았다고 했는데, 나는 어쩌면 아직도 어딘가 조금은 잘못 위치 지어져 있는 듯한 느낌으로 살 때가 있어요. '어, 너 왜 거기 있어?' 하는 듯한 느낌으로요. 어쩌면 나에게는 지금, 남겨두고 떠나야 하는 동굴과 걸어 들어가야 하는 야생의 세계가 있는 걸까요.

잘 모르겠는 것들 투성이지만 그래도 분명한 건, 내가 물려주고 싶지 않은 삶은 있다는 거예요. 이 책을 읽으며 내내, 강인하고 무슨 일이든 척척 해내며 서로를 돌보아 주던 여성들의 공동체에서 자란 당신이 부러웠어요. 물론 가족 내에서의 부정적인 경험 때문에 당신이 힘들기도 했지만, 그럼에도 불구하고 당신의 인생에 힘이 되어 주었던 할머니들과 할아버지들이 물려준 좋은 점들이 당신 안에도 있겠죠. 하지만 나에게는 나의 아이들에게 물려주고 싶지 않은 유산만 있는 것 같아요. 폭력적이고 억압적이었던 엄마 밑에서 자라며 나는 그 흔한 사춘기 반항도 못했고, 성인이 된 후에도 내 의지대로 살기가 어려웠어요. 그런 폭력과 억압을 나의 아이들에게는 절대로 물려주고 싶지 않아서 아이들을 키우며 많이 노력했어요. 나의 엄마로부터 한 번도 받지 못한 것을 아이들에게 주느라 사실 좀 힘들기도 했고요. 그래도 지금은 무언가 두 아이들과 내가 '함께' 서 있는 굳건한 토대가 있는 것 같은 느낌이 들어서 좋기도 하네요. 어쩌면 내가 페페연구소를 열고 이런저런 일들을 하는 것이 세상의 모든 여성을 위한다는 거창한 이유가 아니라, 그냥 나와 내 딸들을 위해서인지도 모르겠어요. 나 혼자 살다 죽을 세상이 아니라 내 딸들도 함께 살아가는 세상이니까, 내 작은 발걸음으로 이 세계가 페미니즘의 방향으로 아주 조금이라도 나아갈 수 있다면 좋겠다는 소망으로요.

· · ·

글로리아, 이 편지를 당신에게 보낼 수 있다면 좋을 텐데요. 당신은 생전에 당신의 책을 읽거나 강연을 들은 수많은 사람들에게 편지와 이메일을 받았다던데, 나는 왜 이메일 한 통 보낼 생각을 못 했을까요. 글로리아, 기독교 전통에 둘러싸여 자랐고, 가혹한 대학 캠퍼스에서 예배당으로 피신해 힘을 얻었고, 불교에도 관심이 있었고, 베트남 승려인 틱낫한의 구절을 많이 인용했고, 집필한 거의 모든 책에서 영성에 대한 글을 남긴 글로리아. 당신은 지금 어떤 세상에 있는 걸까요. 내가 죽은 후에 가게 될 그 세상은 지금 당신이 있는 세상과 같은 걸까요. 나는 그 세상에서 당신을 만날 수 있는 걸까요. 만날 수 있다면 좋겠어요. 만날 수 있을 거라 믿어요. 당신의 책을 통해, 당신의 글을 통해, 당신과 영적으로 연결되었다고 느꼈던 순간들이 있었기 때문에요. 그 순간들에서 얻은 힘으로 살아가는 날들이 있기 때문에요.

이제 당신이 쓴 책을 덮으려고 하다가 맨 마지막 페이지에 쓰인 저자 소개글을 봤어요. "벨 훅스는 뉴욕시에 있는 시티칼리지 영문과의 석좌교수로 재직 중이고, 뉴욕시에서 살고 있다(bell hooks is Distinguished Professor of English at City College in New York City, where she makes her home)." 이런, 이 책이 출간된 1996년 당시의 저자 소개인가 봐요. 그때 당시 당신이 뉴욕 시티칼리지의 교수였으니 틀린 말은 아니지만 이렇게 건조할 수가! 그래서 제가 마음을 담아 고쳐봤어요.

### 저자 소개(About the Author)

벨 훅스는 그를 아는 모든 사람들의 마음속에서 사랑받는 선생님이다(bell hooks, a beloved teacher in the hearts of all those who know her).

어떤 사람은 당신을 '글로리아'라고 부르고, 어떤 사람은 '벨'이라고 부르더라고요. 당신을 만난다면 나는 당신을 뭐라고 부를지 좀 생각해봐야겠어요. 하지만 분명한 건 당신이 글로리아든 벨이든, 당신은 나의 사랑하는 선생님이에요. 나도 당신의 책을 통해 당신을 아는 사람들 중 한 명이 될 수 있어서 감사해요. 이 책을 통해 당신을 펼쳐 보여주어서 고마워요. 당신이 보내준 사랑으로 오늘도 마음이 좀 더 따뜻하게 충만해진 느낌이에요. 이제 나도 내 삶의 자리로 돌아가야겠어요. 아마도 또 당신 생각을 하게 되겠지만요.

# 이 책에서 참고한 글들

《난 여자가 아닙니까?》
## 가모장의 '탈조' 일기  오혜민

1    벨 훅스, 노지양 옮김, 《난 여자가 아닙니까?》, 동녘, 2023, 10쪽.

2    Hye Min, Oh, "Ressentiments gegenüber Asiatinnen in Deutschland", 베를린자유대학교 젠더-다양성 전공 석사학위청구논문, 2013.

3    위의 책, 11-12쪽.

4    '가모장'에 관한 설명은 위의 책 139-140쪽에, 흑인 여성에게 덧씌워진 여러 이미지에 대한 설명은 위의 책 127-141쪽에 실려 있다.

5    위의 책, 125-126쪽.

6    위의 책, 256-257쪽.

7    위의 책, 22-25쪽; 261-263쪽.

《벨 훅스, 경계 넘기를 가르치기》
## 내 언어는 나를 배신하고, 나는 언어로 억압자를 배신하고  김미소

1    벨 훅스, 윤은진 옮김, 《벨 훅스, 경계 넘기를 가르치기》, 모티브북, 2008, 1장; 4장; 10장.

2    위의 책, 5장.

3    위의 책, 11장.

4    위의 책, 76쪽.

5    Hammine, M., "Peripheral Multilingualism and (De)coloniality in English Language Education in Japan", Invisibility in Language: Critical Theories

and Critical Studies on Language, Tokyo, Japan, 2023.2.11.

6 Skutnabb-Kangas, T., "Bilingual Education and Sign Language as the Mother Tongue of Deaf Children" in Kellett Bidoli, Cynthia J., & Ochse, Elana (eds), *English in International Deaf Communication*, Peter Lang, 2008, pp.75-94.

7 벨 훅스, 위의 책, 201쪽.

8 위의 책, 202쪽.

9 위의 책, 76쪽.

10 위의 책, 210쪽.

11 우에노 치즈코·조한혜정, 김찬호 옮김, 《경계에서 말한다》, 생각의나무, 2004, 60-61쪽.

12 위의 책, 60쪽.

13 *The New York Times*, "Japanese Student Forced to Dye Her Hair Black Wins, and Loses, in Court", 2021.2.19.

14 *Jiji Press News*, "School Uniforms Becoming Gender-Neutral in Japan", 2021.5.10.

《당신의 자리는 어디입니까》
## 우리가 겨우 계급에 대해 말하기까지 김은지

1 벨 훅스, 이경아 옮김, 《당신의 자리는 어디입니까》, 문학동네, 2023, 298쪽.

2 낸시 프레이저, 장석준 옮김, 《좌파의 길》, 서해문집, 2023.

3 벨 훅스, 위의 책, 140쪽.

4 위의 책, 279쪽

5 위의 책, 91쪽.

6 《애증의 정치클럽》, 〈박경석: "이 투쟁은 비장애인에게 주는 선물입니다"〉, 2023.10.27.

7 위의 책, 69쪽.

8 위의 책, 276-277쪽.

《모두를 위한 페미니즘》
## 모두의 몸에 맞는 페미니즘 조은

1   벨 훅스, 이경아 옮김, 《모두를 위한 페미니즘》, 문학동네, 2017, 6장.

2   벨 훅스, 윤은진 옮김, 《벨 훅스, 경계 넘기를 가르치기》, 모티브북, 2008.

3   벨 훅스, 노지양 옮김, 《난 여자가 아닙니까?》, 동녘, 2023.

4   벨 훅스, 이경아 옮김, 《모두를 위한 페미니즘》, 문학동네, 2017, 48쪽.

5   위의 책, 48쪽.

6   위의 책, 10쪽.

7   위의 책, 87쪽.

8   위의 책, 88쪽.

9   위의 책, 200쪽.

10   신동일, 《담론의 이해》, 책세상, 2022, 93쪽.


《올 어바웃 러브》
## 사랑을 찾는 여정 레일라

1   벨 훅스, 이영기 옮김, 《올 어바웃 러브》, 책읽는수요일, 2012, 87쪽.

2   프랑수아즈 사강, 김남주 옮김, 《슬픔이여 안녕》, arte(아르테), 2019, 35쪽.

3   벨 훅스, 위의 책, 84쪽.

4   위의 책, 52쪽.

5   알랭 바디우, 조재룡 옮김, 《사랑예찬》, 길, 2010, 216쪽.

6   파커 J. 파머, 이종인 옮김, 《가르칠 수 있는 용기》, 한문화, 2013, 17쪽.


《벨 훅스, 당신과 나의 공동체》
## 까칠한 페미니스트 교사도 사랑을 한다 장재영

1   벨 훅스, 김동진 옮김, 《벨 훅스, 당신과 나의 공동체》, 학이시습, 2022,

201쪽.

2    위의 책, 209쪽.

3    위의 책, 2장.

4    위의 책, 7장.

5    위의 책, 11장.

6    위의 책, 199쪽.

7    위의 책, 200쪽.

8    위의 책, 89쪽.

9    위의 책, 163쪽.

10   위의 책, 163쪽.

11   위의 책, 165쪽.

12   위의 책, 292쪽.

13   위의 책, 36쪽.

《본 블랙》
## 내가 사는 세계에서 나의 자리 발견하기 김동진

1    bell hooks, *Bone Black: Memories of Girlhood*, Holt Paperbacks, 1996, #24.

2    위의 책, #18; #20.

3    부너미, 《페미니스트도 결혼하나요?》, 민들레, 2019, 153쪽.

4    노지양·홍한별, 《우리는 아름답게 어긋나지》, 동녘, 2022, 193쪽.

5    벨 훅스, 위의 책, #15; #22.

6    위의 책, #17.

7    위의 책, #18.

8    위의 책, #20.

9    위의 책, #44.

10   위의 책, #39; #40.

11    위의 책, #40.

12    위의 책, #47; #48; #49.

13    위의 책, #50.

14    위의 책, #51.

15    오사 게렌발, 강희진 옮김, 《그들의 등 뒤에서는 좋은 향기가 난다》, 우리
      나비, 2015, 128쪽.

16    벨 훅스, 위의 책, #61.

17    위의 책, #61.

18    위의 책, #57.